増補版 ちょっとしたスペースで

発達障がい児の脳と感覚を育てる かんたん運動

NPO法人チットチャット理事長
森嶋 勉 著

姫路獨協大学客員教授、作業療法士
太田篤志 監修

合同出版

本書を読まれるみなさまへ

私は今、年間のべ約500名近くの発達に障がいのある子どもの個人サポート、150回近いグループサポート、その他発達障がい児のあそび・運動・スポーツの「実際」を指導するワークショップや講演活動、啓発活動など、さまざまな活動を展開しています。毎日毎日、あそび・運動・スポーツを通じてさまざまな発達障がい児に出会います。

発達に障がいのある子どもたちは、見た目にはわかりにくいのですが、自分の手足のありかがわかっていない、右半身と左半身の違いがわからない、物との距離感がつかめない、力加減をすることが苦手など、さまざまな身体機能の不具合を持ち合わせていることに気づかされます。また、運動を行なう上で重要な聴覚・視覚・触覚の機能が過敏だったり、逆に鈍感だったりする特徴も併せ持ち、手足を器用に動かせなかったり、身のこなしがぎこちないなどからだをうまく扱えない子どもによく出会います。

こうした子どもたちにとって、たとえば学校体育の種目はわれわれが想像する以上にむずかしく、複雑な課題です。たとえば、「とび箱」は、助走、ふみきり、台上に両手をつく、開脚、両腕の支え、腕の押し、着地など、さまざまな運動要素を連続して行なう必要がある「複合運動」です。その他の種目も子どもたちの視点から分析してみると、あまりに高度の課題であることに気づかされます。

むずかしい種目を繰り返しさせられたり、我慢を強いたりすると子どもが運動ぎらいになり、「劣等感」や「拒絶感」が生まれます。ひいては自己肯定感を育むことが阻害される恐れがあります。指導する側は個々の子どもの身体特性を考慮して運動を指導する必要があります。

からだで感じる「できた感」は、言語コミュニケーションが苦手な彼らにとって何よりの「自己承認」「自己肯定感」を実感する機会です。「自分の存在」が不安で、不安定な世界に生きる子どもたちにとって、「からだに自信を感じる」という経験は、日常生活の中に必要不可欠な要素です。あそびや運動、スポーツはそれを実感させる最適な「ツール」です。

この本は、特別な用具や器具、施設がなくても簡単に行なえる運動種目を紹介しました。教室の片隅で、ご自宅の空き部屋で、ちょっとしたスペースでできるものばかりです。ぜひ、彼らの日常生活の中にあそび・運動・スポーツがあたりまえのように溶け込み、新しい自分をクリエイトすることができるようご活用ください。

森嶋 勉

増補版 ちょっとしたスペースで 発達障がい児の脳と感覚を育てる かんたん運動

もくじ

本書を読まれるみなさまへ

指導するまえに知っておきたい7つのポイント

① みぢかな器具・用具を使った運動 ▶▶▶

バランスボール	12
バランスクッション	38
トランポリン	40
カラーコーン	43
スクーター	47
平均台	51
ボール	53
フラフープ	67
いす	73
ジョーバ	75
ハードル	78
スカーフ	80

2 ▶ 体操系種目 ▶▶▶

倒立……………………………………84
前転……………………………………85
鉄棒……………………………………86
ブリッジ………………………………87
マットワーク…………………………88
親子体操………………………………89
ウォーキングとランニング…………93

3 ▶ グループ種目 ▶▶▶

4 ▶ 水泳 ▶▶▶

5 ▶ ボール運動から対人スポーツへ ▶▶▶

6 ▶ 用具・器具・場所をアレンジする ▶▶▶

用具をアレンジする……………………122
さまざまなプレイエリア………………125
環境を構造化する………………………127

■運動カード

■発達障がい児のための
　36の運動発達アプローチ

保護者・指導者のみなさまへ

あとがきにかえて

指導するまえに知っておきたい7つのポイント

❶プレイヤーズ・ファースト型指導

「競技スポーツ」の世界では「プレイヤーズ・ファースト」ということばがあります。「なによりも実際にプレーする選手が優先されること」という意味で、指導者はプレイヤーが全力でプレーするためのサポート役に徹することが原則であるという考え方に基づいています。

発達に障がいのある子どもたちの指導にもこの考え方があてはまります。「子どもが主役」、指導者はあくまでもサポート役です。さきに教えるべき種目ありきの「指導者主導型指導」よりも、子どもの主体性からはじめる「プレイヤーズ・ファースト型指導」のほうが機能しやすい場合が多いのです。

「プレイヤーズ・ファースト型指導」には、目の前の子どもの「今」を観察し、その変化や行動にマッチした指導・サポートをほどこします。そのために子どもたちにとって「わかりやすい運動環境の構造化」「興味を引き出しやすい用具・器具の設置」「主体性の尊重」に指導者が配慮する必要があります。

また、子どもたちに選ばせ・決めさせるという指導も効果的で、納得して自主的に行動するための重要な要素です。

子どもたちの行動や世界を観察し、「ああ、そんなことがやりたいんだー」「なるほど、そういうやり方もOK」という「プレーヤーズ・ファースト型」で指導していくと、案外早くからこちらの意図どおりに動いてくれる場合があります。

子どもたちに「この運動がやりたいな」「この運動にはこんな意味があったんだ」「この先生は私をわかってくれるな」という指導者と子どもたちとの「関係性」が成立すれば、さまざまな運動種目にチャレンジし、たくさんの動作を習得する可能性が広がります。

まずは、子どもたちに主導権を与えた指導からはじめてみましょう。

❷子どもたちの「感覚」を育てる

スムーズに運動をするには、さまざまな「機能」が必要です。ふだん私たちはそれほど意識していませんが、自分の手足はどこにあるのか、どういう方向にどのように動かせばよいか、どのタイミングでどの筋肉をどんな強さでどのくらいの時間動かしつづければよいのかなど、さまざまな「機能」を同時に瞬間的に働かせて運動をしています。こういったことを自然に学習・習得しているので、無意識のうちに対応できるメカニズムが形成されています。

しかし、発達に障がいのある子どもの多くは、自然に習得するはずのこのメカニズムに不具合が生じています。とりわけ、筋肉や関節の中に存在する感覚（＝固有受容覚）＊、姿勢やバランスを保ち重力に反応する感覚（＝前庭覚）＊、皮膚の中に存在し感触を感じるために必要な感覚（＝触覚）＊などの運動を遂行・調整するために必要不可欠な感覚に不具合が生じている子どもが見受けられます。これらの感覚に不具合があると、からだのありかがわからない、姿勢をうまく保てない、動きをうま

く調整できないという状態となります。つまり身体図式（ボディシェマ）＊や動作調整（ボディーコントロール）が未発達なのです。この他にも視覚や聴覚にも不具合があり、運動を遂行する上で障害になることがあります。

　そんな子どもたちには、一人ひとりに相応する身体図式の再構築やボディーコントロールの指導が効果を発揮します。

　本書で紹介した運動器具、用具、環境を利用して、多様・多彩な運動動作や運動刺激をあたえ、個々の能力に合わせた「できた」体験を数多く積み重ねることで、その子どもにふさわしいからだのありかや操り方が身につくはずです。たとえ特定の運動種目ができなくても、多様で多彩な運動動作を経験することで、自分のからだのイメージが育ち、「機能」するからだに近づくはずです。

❸オーダーメイドな活動を

　発達に障がいのある子も、一人ひとりその特性や種別に「違い」があります。毎回毎回、瞬間瞬間違う反応を示すのも当然のことです。最適な結果を出すためには、「なにができて、なにができないのか」「どういう質をもった行動をするのか」「なにに興味関心が向きやすいか」を観察することがポイントです。そこから子どもたちに「できた」を味わえる運動を提案し、それを積み重ねていくことが必要です。

　もし「意味がわかっていない」「やろうとしない」「拒絶しつづける」という行動がいつまでも続くなら、おそらく指導の方法がふさわしくないのです。その子どもにフィットする方法に切り替える必要があります。「指導マニュアル」にこだわりすぎると、この「瞬間的な対応力」が発揮できなくなり、結果、一方通行的な押し付け指導になりかねません。

❹指導者の「想像力」「創造力」が可能性を引き出す

　いろいろな「やり方」を生み出すには、指導者の「想像力」や「創造力」が重要になってきます。たとえば、フラフープ1本でどれだけの種目を考え出せるか、ボールを組み合わせるとどんな種目になるかといった企画力が必要です。既成の「やり方」や「使い方」にとらわれず、「もっと使える方法はないか」と考えてください。

　またその子の能力の「できるか、できないかのギリギリの課題」（＝「実力＋1」）を設定することが、自主的で意欲的で納得いく行動を生み出します。そしてその課題を克服したとき「自信」や「達成感」「効力感」などが育まれることになるのです。

　いろいろな「やり方」を試してみながら、指導者のセンスや引き出しを増やしていきましょう。目の前のその子の今に合わせて、柔軟に課題をフィットさせることが運動指導の「コツ」のひとつです。

❺一にも二にも「関係性」

　どんなに素晴らしい運動方法や種目、プログラムであっても、子どもたちが納得して、理解して、行動を起こしてくれないと大きな成果は得られません。

　コミュニケーション力や社会性、想像性に質的な障がいを持ち、また感覚の偏りによって身体的にも不具合を示す子どもには、その「世界観」にチャンネルを合わせて、「そうか君の世界から見ると、そういう風に見えたり感じたりするんだね」と共感的に理解し、その世界観にふさわしい課題やプログラムを提供します。そうした「関係性」を作り上げることが最優先されなければなりません。

　発達に障がいのある子どもは、その障害が原因で雰囲気を読むことが苦手です。しかし、「こころ」を読むことは意外とできるように感じます。「この人は味方なのか、この人は自分のことをわかってくれているのか」という指導者の「あり方」を、あらゆる感覚を総動員して読み取るように関わってきます。中途半端な立場で関わるとものの見事に指導者の「あり方」を見破り、彼らの世界に入れてくれないことがあります。一方通行の「関係性」では、子どもを指導することはできません。

　そうならないためにも、指導者はありとあらゆる角度から子どもを観察し、関わり、共感者、理解者、パートナーであることを伝えねばなりません。そうやって受け取ってもらった「関係性」によって、子どもたちの成長を真にサポートする指導者となり得ます。

❻無理させない、そしてがんばらせる

　階段を一歩ずつ上がるような「スモールステップ」という指導法があります。発達に障害のある子どもの指導にもこのスモールステップがたいへん有効です。

　ただし、この指導法をさらに効果的にするためには、通常3段か4段で上がれるような課程を10段くらいに細分化する必要があります。そのため指導者にはどのような細分化の課程が必要か、その分析力が要求されます。

　たとえば子どもに見られる自尊心の低さや劣等感の強さを誘発させないために、「ミスや失敗」をあらかじめ避ける工夫が必要です。あまりにも課題が高すぎて「ミスや失敗」が続いてしまうと、癇癪を起こしたり、泣き出したり、物や人に当たり出したりします。そういう状況に追い込まないためにも成功や達成感が味わえる、それであって簡単すぎない課題を提供することが重要です。

　その障害特性により何事も「自分のこと」として扱うのが苦手な子が多いようです。また、「ミスや失敗」を他人のせい、用具や器具の欠陥にして、自分のからだとの関係を理解することが困難な特性もあります。課程の細分化の際にはそんな特性への配慮も不可欠です。

　そして、安全・安心な運動環境、共感的理解を示してくれる指導者、成功や達成感を感じさせてくれる課題などが整った継続的な活動の中ではじめて「がんばらせる」「ねばらせる」「努力させる」といった励ましが効果を発揮し、課題を乗り越えた「行動」が子どもたちに自信や肯定感や成長を促し

ます。何も整っていない環境での「がんばれ、がまんしろ、あきらめるな」は子どもたちとの「関係性」を損ない、指導者の一方通行的な価値観を押しつけるだけになります。「運動環境を整える」「無理はさせない、そしてがんばらせる」指導を常に意識したいものです。

❼きっとできる・まだなにかできる

子どもたちは、その障害が原因で運動嫌い、不器用、能力がないなどと受け取られがちです。そのため、あそび・運動・スポーツをうまく生活の中に取り込むことがされずにいます。知的に重度の障がいがあったり、身体機能が不安定すぎる子どもは「打つ手がない」と放置されているケースもあります。

たしかに子どもたちに運動やスポーツを指導していると「できないこと」がたくさんあります。しかし、よくその行動を観察し、触れ、試し、動いてみると必ず「できるなにか」「ぴかっと光るなにか」を持っています。その「なにか」を徹底的に磨いていくとまた別の違う「なにか」が現れてきます。「わー、こんなこともできる」ということに気づかされます。その「できる」をつなげていくといつしか1つの形になっていきます。こういう立場での指導が子どもたちの「からだ」の発達を促します。

＊からだの働きを理解するための4つの専門用語

●**前庭覚**──姿勢保持・バランス機能や3次元空間における自分のからだの位置を把握するなどに関与しています。頭の傾き、動きの刺激を感知する感覚系です。ブランコから落ちないようにからだの姿勢やバランスを保持したり、手すりにつかまらなくても階段を上り下りできるのは、前庭覚の機能によるものです。

●**固有受容覚**──運動の微調整・力加減、身体部位の位置関係の把握などに関与しています。関節の動きやその位置、筋肉に対する抵抗感などを感知する感覚系です。泥団子を握るときの力加減や、手先を見なくても、グー、チョキ、パーができるのは、固有受容覚の働きです。

●**触覚**──異物からの防衛機能、対象物を操作するための判別機能、からだと環境の境界の把握などに関与しています。皮膚への刺激を感知し、素材、形状などを認識する感覚系です。画鋲を足で踏んだ瞬間足を上げてけがを回避したり、見なくても米粒を指先で摘むことができるのは、触覚の働きです。

●**身体図式（ボディシェマ）**──自分のからだの地図。からだの形状、大きさ、姿勢、位置、運動能力などに関する情報が脳内に蓄えられていて、私たちは、この地図の情報をもとに外界に合わせた身のこなしを行なっています。たとえば、土管のトンネルに入って遊ぶとき、自然と頭を下げてよつばいの姿勢になります。土管の直径と自分のからだの大きさを瞬時に判断して、自動的に動けるようになっていきます。このようなスムーズな身のこなしが無意識のうちにできるのは、身体図式の働きのおかげです。前庭覚の情報（からだが空間のなかでどのような向きにあるのか）、固有受容覚の情報（手足が今どのような姿勢で、どのように動いているのか）、触覚の情報（からだの輪郭はどのようになっているのか）など、脳はたえず変化する自分のからだと外界との関係を把握し、身体図式を更新しています。

■この本の利用法

❶ 種目ごとに3段階で「難易度」を示しました。子どもに合った運動を選ぶ目安にしてください。
★☆☆…レベル1　★★☆…レベル2
★★★…レベル3

❷ 運動種目の順番に決まりはありません。興味を持ったり、「できる」種目からはじめてください。少しずつ種目を増やしたり、難易度の高い種目にチャレンジしてください。頻度や回数もその子の認知や体力に合わせて調整してください。

❸ 写真は「運動カード」としても利用できます。コピーして視覚支援の一助に活用ください。（巻末にもあります）

❹ この本で紹介した種目、方法はあくまでも「ヒント」です。あなたの目の前にいる子どもやグループの「今」に合わせてアレンジしてください。

❺ 「継続は力なり」です。息の長い運動指導を心がけてください。

■6つの身体機能を育てる

各運動がどんな機能を育てるか、各種目ごとにアイコンで示しています。

①感覚を楽しむ運動
　脳の目覚めを整えたり、情緒の安定に役立ちます。発達障がいの子どもたちの多くは、特定の感覚を過度に要求する脳の特性があり、その要求を適切に充足することにも役立ちます。

②姿勢を整える運動
　からだの筋が柔らかく、バランスが悪いために体幹の軸が安定しないために姿勢が悪くなることがあります。体幹（コア）トレーニングで改善が期待できます。

③身のこなしを高める運動
　身のこなしは、からだと環境をつなぐ大切な機能です。机の脚にぶつからないようにスムーズに椅子に座ったり、コップを倒すことなく、テーブルの上で手を動かしたりすることができるのも、身のこなしによるものです。

④左右の協調性を高める運動
　とりわけ両手・両足の協調性を高めます。ノートを押さえながらメモしたり、道具をつかいこなす上で必要な機能です。

⑤試行錯誤し、脳の柔軟性を高める運動
　試行錯誤は、一度行なった方法に固執せず新たな方法を考えて試みる、脳の柔軟性を高めるためにとても重要な過程です。

⑥コミュニケーション力を高める運動
　からだを使って他の人と同じ感覚、経験、楽しさを味わうことで、自然なコミュニケーション力を高めます。

みぢかな器具・用具を使った運動

　これから、比較的手軽に入手できる器具や道具を使った運動を紹介します。場所や環境にあまり左右されずに、いつでもかんたんに親しめる運動です。をとりわけ、発達に障がいのある子どもたちの身近にそろえておきたいものばかりです。運動や動作をイメージしやすくなるので、目で見てわかりやすかったり、触れてみて扱いやすかったりする器具や用具は子どもたちの運動環境を広げます。

　これ以外にも簡単に扱える器具や用具があれば、積極的にアレンジして使用してください。それぞれ工夫次第でたくさんの運動種目を生み出せます。　ここで紹介した器具や用具を使った運動種目は、固有受容覚、前庭覚、触覚にさまざまな角度から刺激をあたえます。

バランスボール

市販のバランスボールには大きさ、形などさまざまなタイプのものがありますが、直径55cmのボールが比較的扱いやすく、多様な使い方ができます。また体格や体型にもそれほど左右されずに利用でき、空気を抜かずにそのままの状態で保管できるのでお勧めです。

バランスボールは文字通り「バランス」機能を高めるために有効です。さまざまな姿勢でボールの弾力性を利用しながらバランスをとることで、適度な固有受容覚、前庭覚（9ページ参照）への刺激も期待できます。発達障がいの子どもたちが好んで使う道具の一つです。

姿勢を保つのが苦手な子ども、からだがやわらかい子どもに有効な運動です。最初から型どおりにしようとせず、「あそび感覚」で多様な利用法を試してください。

❶ バウンド ▶▶▶

フラフープの中でバウンドする ★☆☆

- フラフープでボールを置く場所をつくるとわかりやすい
- 足が床から上がらないように
- 背筋をまっすぐに

指導者と手をつないでバウンドする

[感覚を楽しむ] [姿勢を整える]

- ボールの中心でバウンドする感覚を体感することで、適切なボディーコントロールを体得できるように補助する

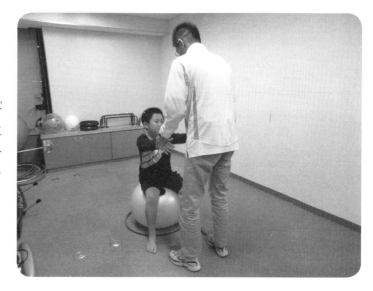

両肩にリズム感をあたえながらバウンドする

[感覚を楽しむ] [姿勢を整える]

- 一定のリズムで両肩を下に押す
- ボールの中心でバウンドできるように補助する

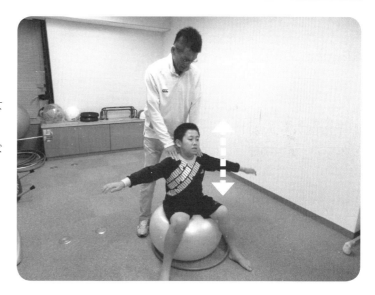

Point
- 最初は自由にバウンドさせる
- ボールに慣れてきたら、からだやボールの「コントロール」を促す

❷ バランス

足ぶみしながらバランスをとる ★☆☆

`感覚を楽しむ` `姿勢を整える`

- ボールの中心にのる
- 足ぶみをする

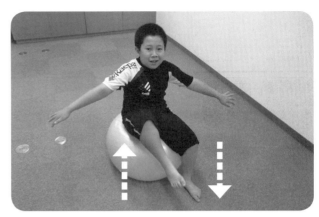

指導者が両足を持った状態でバランスをとる ★★☆

`感覚を楽しむ` `姿勢を整える`

- 床と平行になるように足を持つ
- 背筋を伸ばしながら静止してバランスをとるように促す

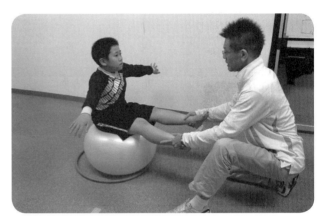

指導者の力加減や方向を変えてみる ★★★

`感覚を楽しむ` `姿勢を整える`

- 写真上の姿勢から前後左右に足を動かす
- ボールから落ちないように促す

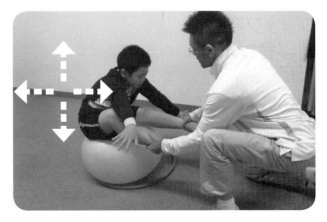

Point
- あごをひいたり、あげたり、からだを倒したりしながらバランスをとれるよう促す
- 首と体幹のコントロールを重視する

❸ あおむけバランス ▶▶▶

背中にボールを置き、バランスをとる ★☆☆

- からだをバウンドさせるように促す
- ボールから落ちないように促す

ブリッジ姿勢でバランスをとる ★★☆

- あおむけ姿勢を体感させる
- 重心を手側・足側に移動するように促す

ブリッジ姿勢で指導者がボールを左右からける ★★☆

- ボールから落ちないようにバランスをとる
- 手をつく向きにも注意をはらう

Point
- 背中のありかを感じさせる
- 頭を床に下げることをこわがる子どももいるので適切な補助をする

④ うつぶせバランス

シーソーのように動く ★★☆

- 足で地面をけり、前に出る
- 手で地面を押してもとへもどるを繰り返す
- この姿勢では、前に出られない、うまくできない子どもは、指導者が腰を持って誘導する

Point ●バランスをとりながら、足のけりや手の押しの力加減を体得するよう促す

❺ 上半身バランス

バランスボール

腰をボールにのせた状態で腕立ての姿勢をとる

姿勢を
整える

- 体幹が弓状にそらない
  のがベター
- 手を置く位置にテープな
  どを貼って目印をつける
  とわかりやすい

腕でしっかりと体幹を支えながらひざを曲げ伸ばす

- 上の姿勢とこの姿勢を
  交互に繰り返す
- ひざを曲げるときひねり
  動作を加えるとさらに
  難度が増す

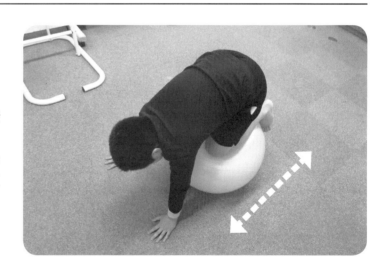

 ● 上半身の安定性に注意をはらう

1 みぢかな器具・用具を使った運動

❻ 壁を利用したバウンド

胸の前でボールを押してバウンドする

- 壁からの反動で圧力を体感する
- フラフープを置くと立つ位置がわかりやすい
- バウンドする壁の部分にテープなどで目印をつけるとわかりやすい

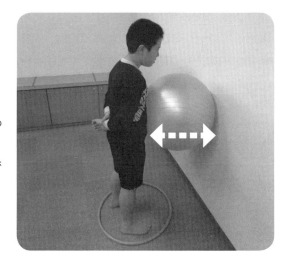

背中でボールを押してバウンドする

- 後ろ手でしっかりボールを持ち、落とさないようにバウンドする

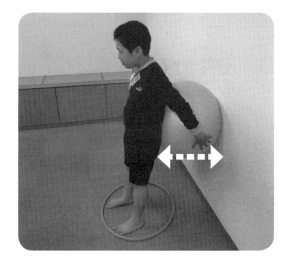

 ●胸のありか、背中のありかをバウンドを利用しながら体感させる

バンザイの姿勢で
ボールを持つ ★★☆

- 手のひらの向きをしっかり確認させる
- 壁に目印をつけて、ちょうどよい高さでバンザイさせる

片手のバンザイ姿勢で
ボールを持つ ★★☆

- 手のひら全体でボールを保持するように促す

壁に背を向けてバンザイ姿勢で
ボールを持つ ★★☆

- ひじが曲がらないように促す

Point
- 視界から手が見えなくなってもしっかりボールをコントロールできるように促す

バランスボール

1 みぢかな器具・用具を使った運動

壁を利用してひざ立ちバランスをとる ★★★

姿勢を整える

- 頭を支点
- 手を支点
- ひざ立ち支点
- 支点に変化を加え、バランス感覚を体得する

脚の裏側全体を支点にして、バランスをとる ★★★

姿勢を整える　**身のこなしを高める**

- 上半身をバランスボールの上にのせ、仰向けになり、脚の裏側を壁につける
- 支点をかかと、脚裏、片脚などいろいろ変化を加える

Point
- 小さな接地面でバランスをとることがポイント
- うまくできない子には、指導者がボールを固定する

❼ ボールバランス

バランスボール

よつばい姿勢でバランスを保つ ★★☆

姿勢を整える

- うまくできない子には、指導者がボールを固定したり、背中を支えたりして、バランスをとる力加減を体感させる

ひざ立ち姿勢でバランスをとる ★★★

姿勢を整える

- うまくできない子には指導者がボールを固定したり、手をつないであげたりしながら、バランスをとる力加減を体感させる

- バランスをとってボールにのる感覚を体感させるようにする
- 体軸のバランス反応を促すのにたいへん効果的

1 みぢかな器具・用具を使った運動

⑧ キックとパンチ

指導者が持つボールを キックする ★☆☆

感覚を楽しむ　姿勢を整える

- 右足でキック
- 左足でキック
- 交互にキックを繰り返す

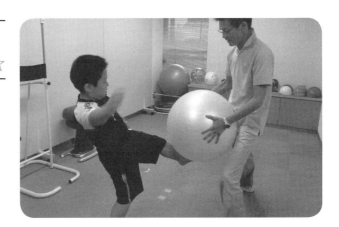

指導者が持つボールを パンチする ★☆☆

感覚を楽しむ　左右の協調性を高める

- 右手でパンチ
- 左手でパンチ
- 交互にパンチを繰り返す

指導者が持ったボールに 体当たりする ★★☆

感覚を楽しむ　姿勢を整える

- 手で胸をカバーした姿勢で、体当たりする
- 指導者はしっかり受けとめる

Point ●情動発散の意味もこめて、力いっぱいさせるのもよい

❾ 体幹（コア）トレーニング ▶▶▶

からだの中心(体幹＝コア）部分のコントロールが不安定な子どもが多くいます。「軸が定まらない」「バランスが悪い」「体幹が決まらない」という子どもに有効なトレーニングとして、バランスボールを利用した体幹のコントロールトレーニングがあります。

いずれの運動もからだの中心軸・首・体幹の連動動作がポイントです。ごまかし運動にならないように誘導することが大切です。

このトレーニングは微細（びさい）な動きが多いため、子どもの運動レベルに合わせたアレンジや補助を工夫してできる種目から始めてください。

子どもに「軸ができる」「バランスがとれた」などの中心部の感覚を「感じ」させる指導者の補助が重要です。

両足をそろえてボールの中心にのる　　★☆☆

姿勢を整える

- ●両手を床と水平に伸ばすことで、バランスをとりやすくなる
- ●両脚の内側が離れない程度のバウンドを繰り返す
- ●ひざの間に厚紙をはさんで行なうと姿勢がとりやすくなる

骨盤を左右に動かしてみる ★★☆

姿勢を整える

- 骨盤を左右に動かす
- 足の内側が離れないように注意する

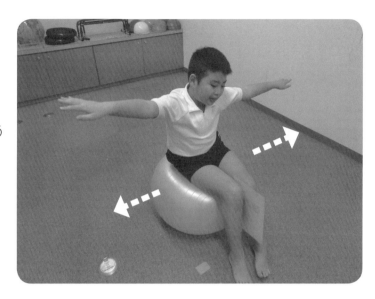

両足を指導者が持ち、前後左右あらゆる方向に重心を変化させ、バランスをとる ★★☆

姿勢を整える

- 重心を変化させ、バランスをとらせる
- 足に力みが入らないような誘導を心がける

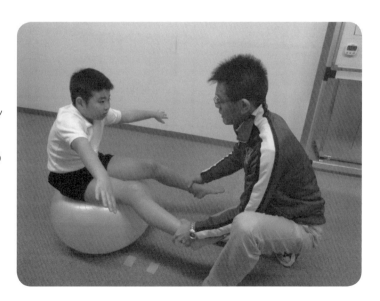

うつぶせの姿勢でボールにつかまる ★★☆

姿勢を整える

- 大きめのバランスボールを使う
- 指導者がボールを前後左右に動かす
- 手や足が地面につかないように促す

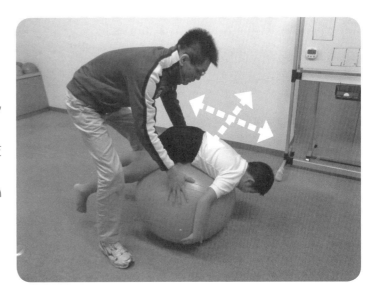

あおむけの姿勢でボールにのる ★★☆

姿勢を整える

- しっかりとボールにくっつくことを促す
- 両手でボールをしっかり押さえる

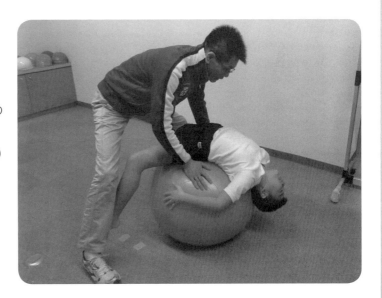

バランスボール

1 みぢかな器具・用具を使った運動

うつぶせの姿勢でおへそを中心にしてバランスをとる　★★☆

姿勢を整える

- 指導者は両足を持って上体をそらすように促す
- その状態をキープしながら前後左右に重心を動かす
- バランスをとらせる

あおむけの姿勢でおへそを中心にしてバランスをとる　★☆☆

姿勢を整える

- 指導者は両足を持ってあおむけ姿勢で上体をそらすように促す
- その状態をキープしながら前後左右に重心を動かす
- バランスをとらせる

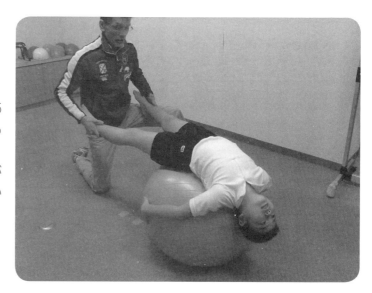

バランスボールの上であおむけになり、バランスをとる ★★☆

姿勢を整える

- 指導者が片足だけ持ち、前後左右に足を動かしていく

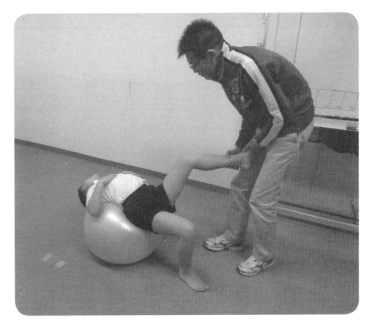

- ボールから落ちないようにバランスをとることを促す

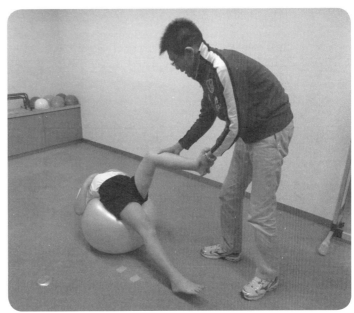

Point
- あおむけ・うつぶせのいずれの姿勢でも、ボールから落ちないように補助する
- 子どもが力まないような力かげんでの補助と誘導が重要

1 みぢかな器具・用具を使った運動

ふくらはぎの下にボールを保持し、お尻を上げ下げ

> 姿勢を
> 整える

- ボールが動かないようにふくらはぎを支点にお尻の上げ下げを繰り返す

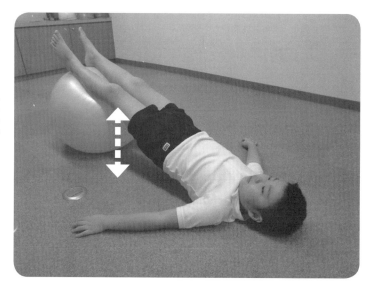

ボールの上で腹筋運動をする

> 姿勢を
> 整える

 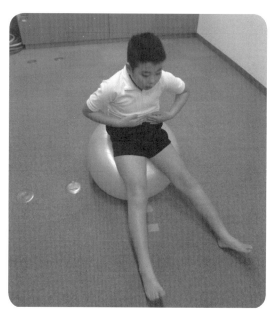

- 背中でボールを押さえ、地面につけた足を支点に腹筋運動を繰り返す

バランスボールの上にのり、腕立て伏せの姿勢をとる ★☆☆

姿勢を整える

- 太ももをボールの中心に置く
- できるだけ背中が反らないように上半身を保持させる

腕立て姿勢をとったまま、ボールを動かす ★★☆

身のこなしを高める

- 指導者はボールを左右に動かし、腕立ての姿勢を崩さないように促す

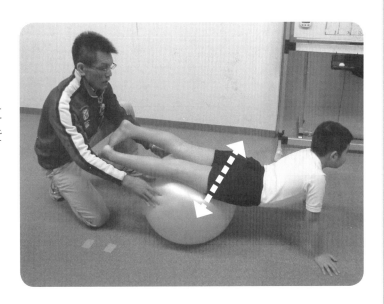

1 みぢかな器具・用具を使った運動

壁と胸の間にボールをはさみ、前傾姿勢をとる

姿勢を整える

- ●ボールの中心をはずさないようにボールを壁に押しつける

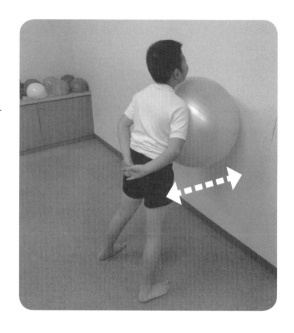

壁と胸の間にボールをはさみ 前傾姿勢で片足を上げる

姿勢を整える **脳の柔軟性を高める**

- ●上の写真と同じ姿勢のまま片足をあげると難度があがる

背中と壁の間にボールを保持し、後傾姿勢をとる ★★☆

●背中でボールの中心をはずさないようにボールを壁に押しつける

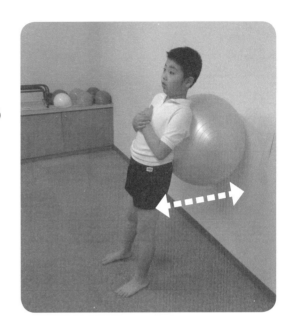

背中と壁の間にボールを保持し、後傾姿勢で片足を上げる ★★☆

●上の写真と同じ姿勢のまま片足をあげると難度があがる

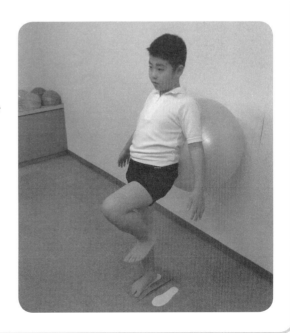

背中と壁の間にボールを保持し、スクワットをする ★★☆

- ボールが落ちないようにスクワット運動を繰り返す

繰り返す

- 足の位置に足型の目印を置く
- つま先の方向にひざを曲げるように促す

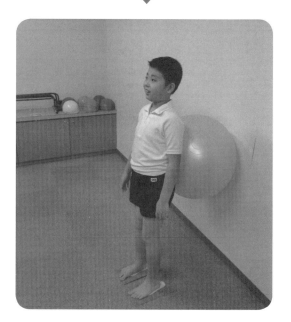

腕を前方に伸ばし、ボールを保持する

姿勢を整える

- ボールが動かないようにボールを押すように促す
- 壁に押しつけるように前傾姿勢をとる

ボールを頭の上で保持する

姿勢を整える

- バンザイ姿勢でボールを頭の上へ

片足をあげる

- 片足を上げると、難度があがる

壁を利用しながら足の曲げ伸ばしをする ★★★

- 足の裏を支点にする
- バランスをとりながらひざと股関節の曲げ伸ばしを繰り返す

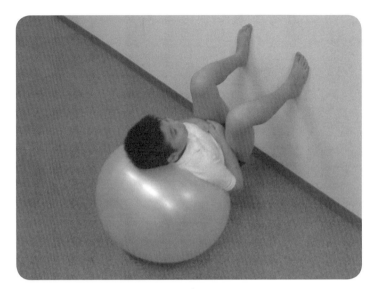

 繰り返す

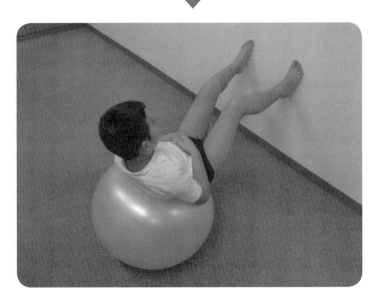

開脚姿勢を保つ ★★★

よつばい姿勢を保つ ★★★

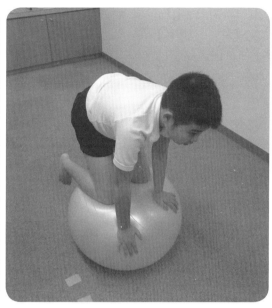

身のこなしを高める

- ボールが動かないように保つ
- いろいろな姿勢でバランスをとりながらのれるように促す

ひざ立ち姿勢を保つ ★★★

バランスボール

1 みぢかな器具・用具を使った運動

手に棒を持ち、座位姿勢やひざ立ち姿勢を保つ ★★★

姿勢を整える

●棒が床と平行を保つように持ち、そのままバランスをとるように促す

姿勢を整える

●姿勢を変えてもバランスをとるように促す

3点支持バランスを保つ ★★★

姿勢を整える

- 右手、左手、ひざの3点支持
- ボールが動かないように片足をうしろに伸ばしたままバランスをとる

Point
- 体幹トレーニングでは最小限の補助で、最大限の「感じ」を子どもが体感できるような補助を心がけてください
- 「体幹」がうまくコントロールできてくると、手先が少々不器用でも姿勢を保つことや手足のコントロールが改善するため、「生活に支障があまりなくなった」という声が保護者から聞かれるようになります

バランスクッション

　バランスクッションは足裏でさまざまな感覚を味わえます。特に「不安定な状態のほうが安定する」という、姿勢を保つことがむずかしい子どもには、ボール運動や卓球などの際、バランスクッションの上でプレイさせるとボールに焦点が合い、スムーズな動作を行なえることがあります。

　姿勢が不安定な子どもにはいすに座るときの座布団がわりにしても効果的です。

　また複数用意して、空気圧を変えることによって質の違ったバランス感覚が養えます。市販されている効果的な用具です。

① 上にのってバランスをとる ▶▶▶

空気圧の違うバランスクッションの上に立ち、バランスをとる

★☆☆

● 空気圧に変化を加えることで質の違うバランス感覚が養える

片足立ち　★★☆

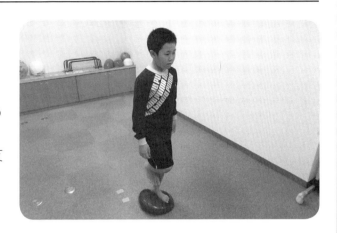

- 左右どちらの足でもできるように
- できないときは指導者が手で支えるなど補助する

バランスクッション

右回り、左回りをする　★★☆

- クッションから落ちないように注意する

棒に頭があたらないようにしゃがんだり、立ったりする　★★☆

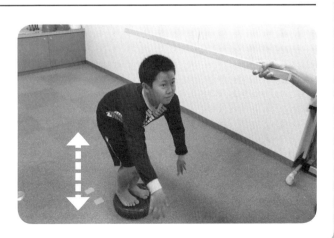

- クッションから落ちないようにする
- 棒を左右、前後などに動かし変化を加える

1 みぢかな器具・用具を使った運動　039

トランポリン

　トランポリンは感覚を刺激するのに有効な器具です。弾力性や反発力の豊かなトランポリンが理想的ですが、市販されている小さなサイズのものでも、「からだを動かしたい」と感じたときに必要なだけ感覚刺激を体感できます。

　トランポリンを跳ぶときの独特の感覚刺激を発達障がいの子どもは好みます。この運動は姿勢を保持するのに役立ち、からだがやわらかい子どもにも有効です。ただ跳ぶだけでなくリズム感を養えるように、着地と同時にからだの一部にタッチするなど、バリエーションを加えます。

①両足とび ▶▶▶

グーパー、ケンパー、回転などしながらジャンプする

●手拍子をしながらジャンプするとリズム感を体得できる

手を開いたり、閉じたりしながらジャンプする ★★☆

Point ●自由なジャンプからコントロールされたジャンプを目指す

❷ 片足とび ▶▶▶

片足でジャンプする ★★☆

●片足とびに慣れたら、棒などを使用してみる
●棒を水平に保ちながらジャンプすることで、体軸を意識しやすくなる

風船をドリブルしながらジャンプする ★★★

- ボールコントロール、ボディーコントロールを体得させる

着地点をテープなどでマーキングし、ジャンプをコントロールする ★★★

- 目標のマーキング地点に着地させる

Point
- ある運動をしようとするための筋肉がうまく働かないため、かわりにその他の筋肉でその運動を行なおうとする動作（トリックモーション＝ごまかし運動）がはいらないよう注意する

カラーコーン

半円形のプラスチック素材のコーンを使います。「足裏」でバランスをとる運動として有効です。半円形になっているため足指を使う感覚が自然に養なわれます。発達に障がいのある子どもは足裏の使い方が未熟な子どもが多いので、足裏感覚を養うために有効です。

市販のコーンが入手できないときは、100円ショップなどで売られている直径25cmくらいの台所用の金属ボウルに、布クッションなどを滑り止めにつけて代用します。

① 落ちないように渡る

2列直線を歩く

姿勢を整える

1列直線を歩く

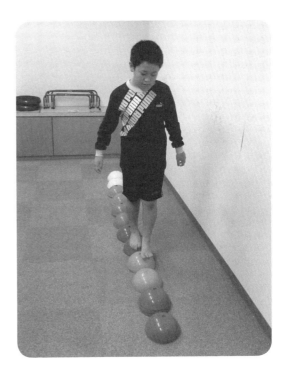

●最初は壁に近い場所に置き、徐々に壁から離し難度をあげる

U字形に歩く ★★☆　　ランダムに渡る ★★☆

- 木片、雑誌なども代用できる（高さを10cmくらいにする）
- その子どものバランス能力に合わせて、いろいろなコースパターンをつくる

- 台所用の金属ボウルで代用して3列に配置した例

Point
- 足指を含め、足裏全体がバランスよく使えるように促す
- 子どもに自由にカラーコーンを並べさせて、自主性や想像力を養う

② 身のこなしを高める ▶▶▶

よつばい姿勢で移動する ★★☆

●手でカラーコーンを押さえながら移動する

間隔の変化、障害物を越えて移動する ★★★

●カラーコーンの間隔に変化をつける
●障害物を越えてもバランスをくずさないようにする

1 みぢかな器具・用具を使った運動

バランスボールなどを持ちながら移動する ★★★

姿勢を
整える

- 重心をあげることで難度を増す
- 物を持たせることで、バランスを難しくする

Point
- さまざまなバリエーションを加えて難度を増し、コーンから落ちない安定性を促す

スクーター

　家庭用品店で販売している、裏に360度回転する4つの車輪がついた「台車」を利用します。

　台車はサイズが豊富で、比較的安く手に入ります。「乗り物感覚」で利用でき、多様な運動刺激が体感できます。

　手足の動かし方、姿勢、バランス力を育むことができます。

❶ ひとりで進む

正座でのり、手をつかって進む ★★☆

[姿勢を整える] [左右の協調性を高める]

- 左右の手を協調して使う
- カラーコーンなどでコースをつくる
- 上半身の力だけを使って進む

片足でバランスをとりながら進む ★★☆

[姿勢を整える] [左右の協調性を高める]

- 片方の手足を使い、非対称の動きを養う
- 左右どちらの足でも行なう
- コースに変化をつけて、足の操作の難度を高める

1 みぢかな器具・用具を使った運動

うつぶせになり、手の力で進む ★★☆

- 手で床を押しながら前に進む

立ってのり、腰を左右にひねりながら進む ★★★

- 腰をひねった反動を利用して進む
- 同じ要領で、腰を前後に振りながら進むのも OK

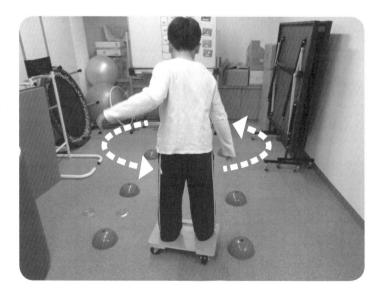

 Point ●摩擦の少ない床でどんどん挑戦させる

②指導者と２人で ▶▶▶

フラフープを持って、落ちないように移動する ★★☆

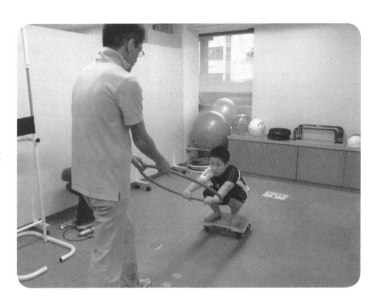

- 立ったときは重心があがるのでむずかしくなる

手をつなぎ、落ちないように移動する ★★☆

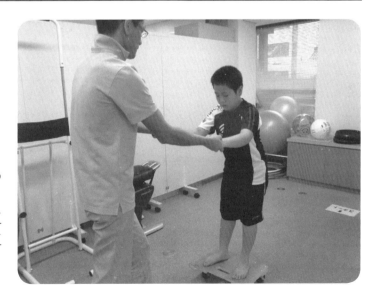

- できない子どもは、座った姿勢からはじめる
- 指導者の手を引っ張ることでスクーターが動くことを学ばせる

スクーター

1 みぢかな器具・用具を使った運動

立ってのり、ロープで引っ張ってもらう ★★☆

- できない子どもは、座った姿勢からはじめる

スクーターをロープで引っ張る ★★☆

- 右手、左手を交互に使うように促す
- フラフープの中で引っ張ると、左右交互の引っ張り動作を促しやすい

Point
- 手の使い方や力の出し加減を学ばせる
- 台車が安定せず、落ちることもあるので、安全を確保する

平均台

家庭用品店で販売している木材を使用して「簡易平均台」を自作してみましょう。

高さや足場を工夫して、その子に合った「平均台」をつくります。

土台に不安定な要素を加えると、力加減やバランス感覚を繊細に体感させることができます。

指導者は子どもに安心感を与えるために横から見守り、子どもがつかまってきたら手を貸すくらいのサポートにとどめましょう。

■ 簡易平均台のつくり方

【材料】
・平均台にする角材
　（長さ1m×5cm角くらい）2本
・ミニハードルや台など

角材を2本そろえて、ミニハードルの上にのせる

平均台が崩れないように移動する

姿勢を整える

- 木材を地面に置いた状態からはじめてもOK
- 動きながらバランス感覚を養う
- 恐がる子どもには指導者が手を添えながら行なう

2本の木材の間隔を あけて渡る ★☆☆

姿勢を整える

- 肩幅くらいの間隔からはじめる
- せばめたり広げたりすることで難度をあげる
- Uターンにもチャレンジする

木材を1本にし、 難度を高める ★★★

姿勢を整える

- 最初は指導者が軽く補助し、安心感を与える

コースを長くして、 難度を高める ★★★

姿勢を整える

- 2本を直線に並べる
- 1本をななめに置くなどするとさらに高度になる

Point ●木材にのるとき、降りるときの力の入れ方、抜き方が重要

ボール

　子どもの運動能力にあわせてボールのサイズや形状を選びます。扱いやすいボールで運動することで効果が増します。

　空間認知、タイミング、力加減といった複数の運動要素が必要になる運動です。ボールをコントロールする能力だけでなく、「ボールを操るために自分のからだをコントロールする」という「ボディーコントロール」能力も養えます。

　対人パスやボールドリブルは、目と手を合わせる動きを促し、対人関係を意識させます。

　対人パスでは、オーバーパス、チェストパスなど動きにバリエーションをつけると動作に広がりが出ます。

　ボール運動はグループ種目へ発展させることもでき、「人に合わせる」「みんなと協力する」といった協調性や社会性の基礎となる感覚も体感させられます。小さいときからとりいれたい種目です。

❶ 指導者といっしょにドリブル ▶▶▶

いっしょにドリブルする　　　★☆☆

- ドリブルを習得するために、大きなバランスボールからはじめるのがよい
- いっしょにドリブルすることで、タイミングや力加減を伝える

手をつないでドリブルする

- ドリブルで背中が曲がってしまう子どもは、手をつなぐことでそのくせを修正する
- 徐々にひとりでできるように誘導していく

小さなボールでドリブルする

- 慣れてきたら小さなボールに変えてトライする

- ドリブルが上手にできるようになるとボディーコントロール能力が改善されていく

② ひとりでドリブルする

両手でドリブルする ★★☆

左右の協調性を高める

●ドリブルができない子どもは、1回1回ボールキャッチでもOK
●ひとりで上手にドリブルできるようになったら、大きいボールから小さいボールへ変えていき、難度をあげる

円の中でドリブルする ★★☆

脳の柔軟性を高める

●フラフープの中にドリブルする
●ボールの種類を変えてチャレンジする（バスケットボール、ソフトバレーボールなど）
●制限されたエリアの中でボールコントロールするのがポイント

左右交互にドリブルする ★★☆

左右の協調性を高める　脳の柔軟性を高める

●右手、左手交互にドリブルする
●左右に移動しながらドリブルすることでさらに難度をあげられる

片手だけでドリブルする ★★☆

脳の柔軟性を高める

- 左右にからだを移動しながら行なうことでさらに難度をあげられる

ドリブルしながら歩く ★★★

脳の柔軟性を高める

- フラフープにそって右まわりで歩く
- フラフープにそって左まわりで歩く
- ドリブルする手を変えてUターンする

Point
- エリア内で適切なボールコントロールをすることが重要

❸ 2つの用具を組み合わせる　▶▶▶

種類の違うボールを同時にドリブルする　★★★

●質の違うボールを同時にドリブルする

バランスボールをドリブルしながら、紙風船をつく　★★★

●バランスボールでドリブルしながら、紙風船を手のひらでつく
●同時に左右別々の動作を行なう
●ボールの種類を変えると難度をあげられる

カラーコーンの上を移動しながら、ドリブルする ★★★

●カラーコーンの位置に変化を加える

＊聴覚過敏がある子どもなのでイヤーマフを装着して運動している

フラフープをドリブルして歩く ★★★

●ランダムに並べたフラフープをドリブルしながら渡っていく
●フラフープにボールを当てないように注意する
●できない子は1回1回ボールキャッチしながらでもよい

 ●簡単すぎず、むずかしすぎない、その子に合った環境を選択することで「おもしろみ」や「やる気」を引き出すことがポイント

④ リフティング

太ももでリフティングする ★☆☆

- ●片足で1回ずつ行う
- ●左右交互で連続して行なう。片足で連続して行なう
- ●片足立ちになる瞬間のバランスがポイント

左右の足裏でボールにタッチする ★☆☆

- ●タッチー離すータッチー離すを繰り返す
- ●緩急のリズムをつけて繰り返す
- ●フラフープの中で細かく動き回ると難度をあげられる

1 みぢかな器具・用具を使った運動

足の内側でボールをドリブルする

- フラフープからボールを出さないように足を動かす
- フラフープの中で細かく動いて難度を増す

足の甲でリフティングする

- 左右の足で1回ずつ繰り返す

 Point ●エリアの中で適切なボールコントロールをすることが重要

❺ ボールハンドリング

ボールを投げ上げてキャッチする ★☆☆

● フラフープから出ないようにボールをコントロールすることがポイント

ボールリフティング ★★☆

● 片手でボールをつく
● 左右交互に手でボールをつく
● 手の甲、手のひらどちらでもできるように促す

● エリアを制限しながら、難度を増すことでさらにボディーコントロール、ボールコントロール能力を高める

背中にボールを転がしキャッチする ★★★

- 背中にすばやく手をまわし、ボールをキャッチする
- むずかしい子どもには指導者がボールを転がす

ドリブルしたボールをフラフープですくう ★★★

- 左右どちらの手でもできるようにする

 ● ひとりでできない子どもには指導者が適切な補助をする

❻ 対人パス

ボールをパスする ★☆☆

- キャッチボールができる適切な距離をとる
- 立つ位置をフラフープなどで決める
- アンダーパス、チェストパス、オーバーパス、バウンドパスなどさまざまなパスを試す

頭上からパスする ★★☆

- ボールは、軽くてゆっくりとぶビーチボールなどから、徐々に重くて速くとぶバレーボールなどへかえていく

チェストパス ★☆☆

- 胸の前でかまえた両腕をつき出し、ボールをとばす

1 みぢかな器具・用具を使った運動

片手でパス ★★☆

- ●相手の位置をよく見るように促す
- ●エリアから足がはみ出さないように促す
- ●相手の指示した箇所にボールを投げるように促す

アンダーパス ★☆☆

- ●相手の位置をよく見るように促す
- ●相手の指示した箇所にボールを投げるように促す

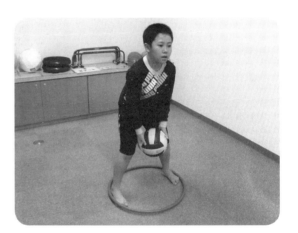

キャッチボールグッズを使う ★☆☆

- ●相手の動きをよく見るように促す
- ●ボールをよく見るように促す

Point ●対人スポーツの基本、相手のことを「意識」し「協力」することを促す

⑦ ボールでラリー

風船を使ったラリー ★★☆

[姿勢を整える] [左右の協調性を高める] [コミュニケーション力を高める]

- ラリーが続くように距離や力加減を調整する
- バランスボールと組み合わせることで、ボールを目で追いやすくなる

紙風船を使ったラリー ★★★

[姿勢を整える] [左右の協調性を高める] [コミュニケーション力を高める]

- 紙風船を打つ力加減をうまく引き出す
- バランスボールの上でバランスをとりながら行なう

バランスクッションの上でラリー ★★☆

- バランスクッションから落ちないように
- ボールの種類を変えて難度を変える

ラリー ★★★

- 少しずつバレーボールのアンダーパス、オーバーパスのフォームに近づける

Point
- 能力に合わせて、ボールの種類を変える
- 日常の生活動作の「バランスをとりながら何かを行なう」という動きに役立つ

フラフープ

フラフープは腰で回す使い方をイメージしますが、投げる、回す、くぐる、跳ぶ、つかむ、のる、といろいろな動作が体験できるとても応用性のある用具です。直径60cm程度の筒状のフラフープをおすすめしています。

すでに紹介してきましたが、何のしきりもない空間の中に置くことで「居場所」や「目印」としても利用できます。子どもたちに「環境に合わせてからだを使う」ことを教えていく際にとても役に立ちます。

① 上を歩く、乗る

バランスをとりながら落ちないように進む ★☆☆

- ●足裏全体がしっかりとフラフープの上にのるよう促す
- ●後ろ向きで歩くことにもチャレンジする

バランスをとりながら横方向に移動する ★☆☆

姿勢を整える

- 足裏全体がしっかりとフラフープにのるように促す
- カニ歩きの要領で横に移動する

上にのり、ジャンプする ★☆☆

左右の協調性を高める　脳の柔軟性を高める

- 足と手でうまくフラフープをつかみジャンプする

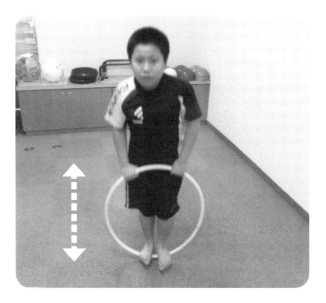

Point ●足裏にしっかりとフープが乗るように促す

❷ くぐりぬけ >>>

自分で持ったフラフープの中をくぐり抜ける ★☆☆

身のこなしを高める

- 横から、上から、下からなどフラフープをくぐる位置を変える

トンネルくぐり ★☆☆

身のこなしを高める

- 指導者がフラフープを持ち、その中を子どもがくぐり抜ける
- 本数や高さ、角度に変化を加える

Point ● 身体図式の形成を重視する（9ページ参照）

③ 移動する

腰をひねりながら移動する

- 腰をひねった反動で移動する
- 前進したり、後退したり、回転したりしながら移動する

キックして移動する

- フラフープの中に入り、フラフープをキックしながら移動する
- 足で交互にフラフープをキックする

 ● フラフープをしっかりコントロールすることを促す

④ 回す

指でクルクル回す ★☆☆

- 指ではさんでクルクル回す
- 右回し、左回しどちらもできるように促す

⑤ キャッチ

片手や両手でキャッチする ★★☆

- 手のひらで受けて、しっかり握る

- 指や手をタイミングよく使うことを促す

⑥ フラフープでジャンプ

フラフープを並べて、ジャンプする

- 子どもの好きなようにフラフープを並べる
- 足型を置いて着地点をわかりやすくする
- 並べ方にバリエーションを加える
- 着地の方法も片足、両足と変化を加える

反復横とびでジャンプする

- フラフープの数を増やして難度をあげる
- 足音をできるだけたてないような足さばきを促す

いす

　回転式のいすは、回転の刺激やバランスの刺激をあたえる運動用具になります。

　最初は指導者が回すことからはじめます。回転の刺激を能動的に求めたり、自分で回すことができるようになったら、自分の好む回転スピードで、自分で決めた回数を回りつづけるように促します。

　最初は重心の低い座った姿勢からはじめ、慣れてきたら徐々にバランスのとりにくい立つ姿勢へとつなげていくとよいでしょう。

　回転の刺激を好まない子どもの場合、このような運動は避けたほうがよいでしょう。

座らせて、指導者が回転させる

- 子どもの好みに合わせて、回転スピードを調整する
- いすから落ちないように補助する

ひざ立ちで回転させる ★★☆

姿勢を整える

- スピードを調整する
- いすから落ちないように補助する

立位で回転させる ★★☆

姿勢を整える

- いすから落ちないように補助する

Point ●いすの回転を利用してさまざまなバランス運動を試してみる

ジョーバ

　市販の健康用器具「ジョーバ」は、一般的にはフィットネス用品として販売されていますが、この器具の「揺れ」の動きは、子どもたちの前庭覚と固有受容覚を刺激し、バランスをとったり姿勢を保つのにとても効果的です。速度やテンポを変化させることもできます。

　台上でいろいろな姿勢をとらせると効果的です。

　ジョーバの独特の感覚が好きな子どもも多いため、気分転換に使うこともできます。

①ジョーバに乗る ▶▶▶

揺れに合わせる　★☆☆

- 速度やテンポを変化させて揺れにからだを同期させる
- 揺れの刺激が好きな子どもが多いので、リラックス効果がある

ひざ立ちになり重心をあげて
バランスをとる ★★☆

●速度やテンポを変化させる

立った状態で
バランスをとる ★★☆

●足裏にあるセンサーに、高さと動く足場の刺激が伝わる
●スピードを変化させる
●恐がる子どもは、指導者が手をつないで安心させる

●揺れる刺激を恐がる子どもは指導者といっしょに乗ることからはじめる

❷ ジョーバの上で運動する ▶▶▶

立った姿勢で
回転する ★★☆

●動いている不安定な土台の上を回転することによって、バランス感覚を高める

片足立ちする

姿勢を整える

- 恐がる子どもには、手をつないで補助する

腰のまわりでボールを移動させる

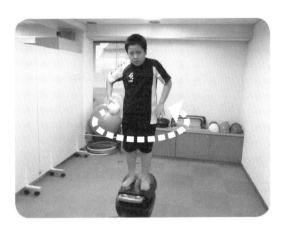

- 台の上でバランスをとりながら、ボールを腰のまわりで回転させる

ボールを股の下に通しながら移動させる ★★☆

- 台の上でバランスをとりながら、ボールを股の下に通す

 ●バランスをとりながら台の上で運動することを組み込んでいく

ジョーバ

1 みぢかな器具・用具を使った運動

ハードル

　トレーニング用具を扱うスポーツ用品店では、ミニハードルが入手できます。「高さの感覚」を体感させる種目なので、高さが調整できるタイプを選びます。飛び越えるだけではなく、またぐ、くぐる、乗るといった動作にも利用できます。

　ボール、カラーコーンなど他の用具と組み合わせるとさまざまなバリエーションの運動がつくり出せます。

❶ ハードルを越える

走りながらハードルを越えていく　　　★★☆

身の
こなしを
高める

- ●足型を置いて着地点をわかりやすくすると越えやすい
- ●ハードルの間隔を不規則にして変化を加える
- ●両足ジャンプ、片足ジャンプで越える

ハードルに足があたらないように通り抜ける　★☆☆

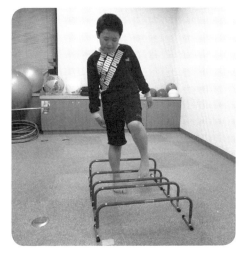 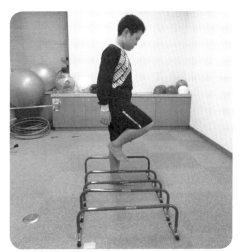

- 前歩き、後ろ歩き、横歩きなど歩き方に変化を加える

❷ ハードルを潜る ▶▶▶

ハードルの下を潜り抜ける　★☆☆

- 手足で床を押して前に進む
- 自分のからだを意識しながら動かす力を体得する

Point
- ハードルに触れないことを「意識」させる

1 みぢかな器具・用具を使った運動

スカーフ

　市販されている「ムーブメントスカーフ」はとても軽く、ナイロン素材でできています。ふつうのスカーフよりも落下速度が緩やかで、さわり心地も柔らかなので、空間の物体を認知して行動をおこすのに時間がかかる子どもにも使いやすい用具です。長さ20cm四方くらいのものがよいでしょう。

　タオルやハンドタオル、スカーフなどでも代用できます。

①空中でキャッチ

空中に投げ、ひとりでキャッチする　　

- 片手でキャッチするよう促す
- しっかりと手を握りながらつかむよう促す
- ハンカチ、タオルを代用してもよい

2人でキャッチし合う ★☆☆

●片手でしっかりキャッチできるように促す
●スカーフを2枚使ってもよい

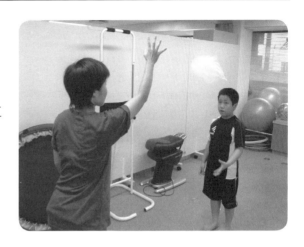

走りながらキャッチする ★★☆

●スカーフを2枚以上使い、タイミングをずらしながら投げる

●空間にある物体にタイミングを合わせて動作するボディーコントロールの初歩として有効な運動

1 みぢかな器具・用具を使った運動

❷ からだにくっつけて走る　▶▶▶

胸やおなかにスカーフを あてながら、走る ★★☆

身のこなしを高める　脳の柔軟性を高める

- スカーフを落とさないように走らせる
- 顔や手や足にあてて走ってもよい

スカーフを投げる ★★☆

脳の柔軟性を高める

- 走りながら投げる
- キャッチして走る

顔や頭に乗せながら、ハイハイで移動する ★☆☆

身のこなしを高める　脳の柔軟性を高める

- 顔から落ちないようにハイハイする

体操系種目

　体操系種目とは、「自分のからだを自らの手、足、体幹を利用して操る」運動です。体育の授業の定番になっていますが、感覚が正常に機能していることが前提条件になります。ボディーシェマやボディーコントロール能力が身についていないとむずかしいので、まずは簡単な動作からはじめてボディーコントロール能力を養います。

　本章では、単純な動作で行なえる種目をピックアップしました。複雑な動きが要求される種目は、段階的な課題を必要とします。「種目完成」にこだわらず、「できない」体験をつみ重ねないように注意が必要です。

倒立

　頭部が下方向に向き、手足が逆になる逆立ちの姿勢を保つことが苦手な子どもがいます。また、足で床をけって足を高くあげる感覚がわからない、腕で体幹や脚を保持する感覚がわからないために倒立ができない子どももいます。

　最初のステップとして「頭が下向きの状態」「腕でからだを支える状態」とはどのような感覚かを体感させます。自分のからだのありかや力の出し具合を体感させることからはじめます。

壁を利用して倒立する

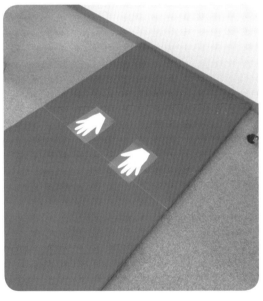 

- 手型を利用し、適切な手の位置を指示する
- 手押し車からはじめてもよい

 Point　●けがのないよう難度が低い課題を設定する

前転

　重力にさからって頭部を1回転させるという動作は、感覚に不具合がある子どもにとってたいへんむずかしい運動です。特に前回りして立ちあがる動作まで完結できない子どもが多いのです。3/4回転で運動がとまってしまい、その結果立ちあがれないことがあります。

　手型・足型を導入として使い、自らの意思で前転に挑戦させることからはじめます。回転の後半で補助をし、回って起き上がるという感覚を受動的に体感させるだけで十分です。

　頭が足よりも下になることや腕でからだを支える感覚を学ぶためにも、手押し車、腕立て姿勢、壁倒立（左ページ）などからはじめることも必要になります。

手型、足型を目印にして前転する

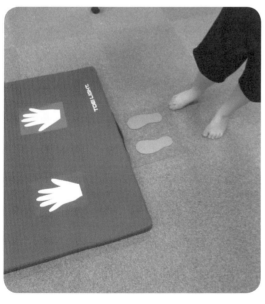

- 手型・足型を置く
- 前転の姿勢が決まる

鉄棒

視界から手が見えなくなると、「手のひらがどっちを向いているかわからなくなる」「手でからだをどう保持したらいいのかがわからない」子どもがいます。

鉄棒にぶら下がる運動を繰り返すことで、手のありかや力の出し具合が理解できたりします。徐々に「手や腕の扱い方」が上手になっていきます。

① グリップ

順手（親指をかけない）　順手（親指をかける）

 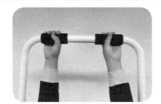

逆手　　　　　　　　　片方逆手

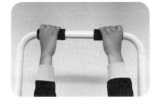 

- できるだけ親指を使ったストロンググリップを促す
- いろいろなグリップで鉄棒にぶら下がり、それぞれの力の出し加減を学習させる

② ぶらさがり

鉄棒にぶら下がり、手で力を出す感覚を身につける

姿勢を整える

- 握り方を変える
- 力の出し方を変えるように促す

ブリッジ

　ブリッジはボディーシェマを育てるのに効果があります。うまくできない子どもはバランスボールを利用して、姿勢だけでも体感させます。

　頭を床面から離せない子どもは頭を支点にする方法で行ないます。鉄棒ぶらさがりとセットにして交互に繰り返すとうまくできる子どもがいます。

ブリッジする

姿勢を整える

- ●両手・両足に力を入れ、からだを支える
- ●頭を床につけた状態でもよい

Point
- ●鉄棒にぶらさがって強制的に腕に力が入った直後にブリッジさせると、力の出し方がわかりやすい子どもがいる

マットワーク

　折りたたみマットを利用した運動です。トンネルにしてもぐったり、サンドウィッチのようにからだを挟み込み圧迫刺激を加えたりします。不安定なマットの上を歩くことで子どもの感覚を刺激することができます。
　特に圧迫刺激を好む子どもには体育用のマットを利用しても OK です。

トンネルくぐり

山登り

サンドウィッチ

- 挟まれる圧迫刺激を体感する
- 圧迫されながら、抜け出てくるように促す

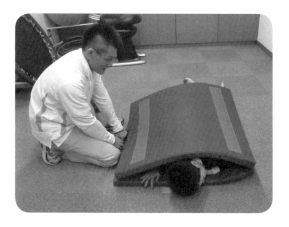

 ●マットの特性を活かして、種目をアレンジする

親子体操

　親子で行なう体操はお互いのスキンシップはもちろん、お互いの力の出し抜き加減、力関係などが体感できます。コミュニケーションのベースである触覚刺激を体感する格好の種目です。触れられること、特定の感触のものを過度にきらう触覚過敏の子どもには、無理に慣れさせようとするのではなく、子どもから触れてくるようにすることがポイントです。また、大人からさりげなくふれることで他人の存在の大きさ、力、深さ、あり方なども同時に体感でき、触覚過敏の解消にもつながることがあります。

子どもが親の背中の上で片足立ち

- 落ちないようバランスをとるように促す
- 左右どちらの足でもできるようにする
- 背中の上で回転するのもよい

親の足を持って引っ張る

- 親は力を抜いてリラックスする
- 重い物を引っ張るときの力加減、姿勢を体得させる

馬とび

- とび箱の前段階の運動としてとりいれる
- 馬の高さを適切に調整する

お馬さん

- 親が子どもを背中にのせてよつばいになりながら移動する

 ●親子で役割を交代して行なってもよい

飛行機 ★★☆

- 親は両手・両足でしっかり子どもを支える
- 子どもの笑顔を引き出せるような誘導をする

手押し車 ★★☆

- 両手に力を入れるように促す
- 前進したり、後退したり、回転したりしながら移動する

トンネルくぐり ★☆☆

- うつぶせ姿勢でくぐったり、あおむけ姿勢でくぐったりする
- 親子の役割を交代してもよい

2 体操系種目

竹馬 ★★☆

● 大人の足の甲の部分に子どもをのせ、いっしょに移動する

電車 ★☆☆

● フラフープの中に2人で入り、腰のあたりで持ちながら歩く

ウォーキングとランニング

　ウォーキングやランニングは、もっとも簡単に取り組める運動です。重度の障がいがあっても「いっしょに歩く」「みんなで歩く」といったところからはじめることが可能で、道具も用具も何もいらないので日常的に取り組めます。

　走れる子どもにとっては、走ることのできる場所をわかりやすく構造化してあげることで「自立」した活動としても取り組めます。ランニングマシーンを使ったランニングはバランスをとりながら走ることが要求されます。感覚に刺激をあたえながら走ることができるおすすめのマシーンです。

① ウォーキング

ゴムバンドをつけてウォーキングする　★☆☆

左右の協調性を高める

- 腕の振りがアンバランスな子には対角線上の手首と足首(例：右手・左足)にゴムバンドをつける
- 足と手の動きが連動しやすくなる

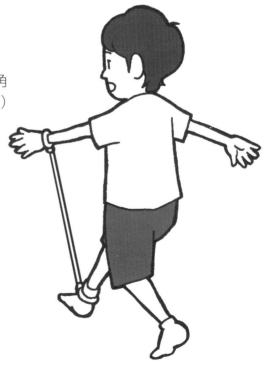

カラーコーンの歩道にそって歩く ★☆☆

- 重度の子どもの自立歩行を促したいときに活用できる

② ランニング ▶▶▶

ランニングマシーンでランニング ★★☆

- ベルトのスピード、振動に同期させて走る必要があるため、感覚刺激が付加されやすい
- 機械の操作を習得させるとひとりでウォーキング、ランニングに取り組める

グループ種目

　グループ種目は、複数人数で「みなで協力しあって、何かを完成させる」という意味合いを持つ運動種目です。誰かと競い合ったり、勝ち負けがある種目は、認知のレベルに差があると満足度や完成度、参加度に差が出る場合があります。競技性の導入には適切な配慮が必要です。

　「みなで協力し合う」といったスタイルは、グループで運動するといった子どもたちの特性に比較的フィットしやすいものです。

① フラフープの中でドリブル

ランダムに並べたフラフープをドリブルで渡る ★★★

- 1回1回キャッチしながらでもよい
- 回数を決めてからはじめるとよい

円に並べたフラフープの中をドリブルで渡る ★★★

- 前の人を追い越さないようにドリブルするように促す

 ●協力して行なうように促す

❷ グループをつくってパス ▶▶▶

フラフープ／ボール

隣の人に円陣パス ★★☆

左右の協調性を高める／コミュニケーション力を高める

- フラフープで居場所を指示する
- ボールの数を増やし、難度をあげる

円陣でランダムにパスワーク ★★★

脳の柔軟性を高める／コミュニケーション力を高める

- 複数のボールをキャッチしないように注視することを促す
- ボールの数を徐々に増やして、最適な個数を選ぶ

ビーチボールを使ってバレーボール ★★★

左右の協調性を高める／脳の柔軟性を高める／コミュニケーション力を高める

- ラリーがむずかしい場合は、指導者がフォローすると続きやすい

 Point ●むずかしい場合は、指導者がいっしょに行なってフォローする

❸ グループの遊び

ハンカチ落し

- ハンカチ落しのルールをよく説明する
- フラフープで居場所を確保する

だるまさんが転んだ

- だるまさんが転んだのルールをよく説明する
- 大人が審判係になる

- ルールはメンバーに合わせて柔軟に変更する
- ルールに従って行動する練習をする

④ カラーコーンを使って

カラーコーンの上で一斉移動

- カラーコーンを他の物（雑誌など）で代用してもよい（44 ページ参照）

カラーコーンの上で風船バレー

- バランスをとることを促す
- ラリーがつづくように指導者が外からフォローする

 ● 全員が協力して息を合わせるように声かけをする

規則正しく並べたカラーコーンを、順番を守って移動する ★★☆

姿勢を整える　コミュニケーション力を高める

- スタート、ゴールや進む方向などを視覚的にわかりやすくすると効果的

バランスボールなどを持ちながら移動する ★★★

姿勢を整える　コミュニケーション力を高める

- 頭上に物を持ちながら移動することで難度が増す

Point
- 順番を守る、追い越さない、最後までがんばるなど、ルールや秩序を守ることを少しおりこむ

ランダムに設置したカラーコーンの上を
バランスボールを保持しながら移動する ★★★

● カラーコーンの上でバランスをとることを促す

ハードルやバランスクッションなど
いろいろな障害物を設置し、移動を繰り返す ★★★

● 子どもの状態によって障害物をアレンジする

- 自由な動きを尊重する
- キッチンタイマーなどの音で、開始・終了をわかりやすく合図する

水泳

　陸上では体験できない水の持つ浮力や水圧、抵抗などを利用して、その子どもにあった「泳力」を身につけることに主眼をおいた指導が中心になります。

　水の中をゆっくり歩くだけでもボディーシェマが再確認できます。その先に「自分のからだが水の中でどうなっているのか」「どうしたら水の中をうまく進めるのか」「どういうタイミングでからだを使ったら呼吸しやすくなるのか」などをさまざまな姿勢変化の中から自然に学べるような指導を心がけます。気がついたら泳げていたという指導が望ましく、いわゆる「泳法」を学ぶのはそれからでも遅くありません。

　特に水中ではからだの「コア（幹）」となる部分をコントロールするプログラムが重要ですので、そのための種目を多く紹介します。

❶伏し浮き・背浮き ▶▶▶

ビート板を持たせ、伏し浮き・背浮き ★☆☆

- 伏し浮きの姿勢をとれるように補助し、水に浮く感覚を養う

- 背浮きの姿勢をとれるように補助し、水に浮く感覚を養う

ビート板を使って、ひとりで伏し浮き ★★☆

- ●ビート板をしっかりおなかにつける
- ●ひとりで浮く感覚を養う

ビート板を使って、ひとりで背浮き ★★☆

- ●ビート板をしっかりおなかにつける
- ●ひとりで浮く感覚を養う
- ●恐がる子には頭部を軽く補助する

Point
- ●「浮く」感覚を味わえる補助をする

② ビート板を使ってのバランス運動 ▶▶▶

頭にビート板をのせてのウォーキング ★☆☆

● バランス感覚を養う

頭にビート板をのせながら、顔つけ ★★☆

● ビート板が頭から落ちないようにあがってくる

ビート板の上でバランスをとる ★☆☆

- 片足立ち、足ぶみなどをしてバランスをとる
- からだを上下曲げのばしすることで自分の重心と浮力・水圧のズレを調整する動きを養う

ビート板に座ってバランスをとる ★★☆

- 足を床から浮かすように促す

③ ビート板を使って浮く ▶▶▶

ビート板を股間に挟み、伏し浮き ★★★

●重心の位置を変えて、浮く感覚を養う

ビート板を股間に挟み、背浮き ★★★

●重心の位置を変えて、浮く感覚を養う

Point ●手の動きでバランスをとるように促す

❹ ビート板を使って回転 ▶▶▶

ビート板を抱えたまま、横へ1回転　★★★

- 左右どちらの回転もできるように
- 連続回転にもチャレンジする

補助具なしで横回転　★★★

- 自力でできない場合は指導者が補助する

Point ●スムーズな回転を体感できるように補助する

ビート板を両手に持って縦回転 ★★★

- 水の中でからだを曲げ伸ばしする力を養う
- 伏し浮きの姿勢から縦方向にからだを移動させ背浮きになる
- 繰り返し行なう

Point ●できない子どもには指導者がビート板や足などを補助する

⑤ もぐる

だるま浮き

- 指導者がさまざまな方向に動かし、浮力の変化を体感させる

深くもぐる

- お尻やおなかが床につくように促す
- できない子どもは指導者が補助する
- 水圧の違いを体感させる

 ●さまざまな水圧を体感させる

またくぐり ★★★

- 空間を認識させ、からだをどのように動かしたらいいか考えさせる
- 狭く限られた場所に、自分のからだを合わせていく動きを養う
- 推進力と首のコントロールを引き出すのに有効
- 複数人数のまたくぐりにもチャレンジする

逆立ち ★★☆

- 姿勢の変化を体感させる

潜水 ★★★

- 短い距離で行なう
- 水圧がかかることで推進力のコツが体感できる
- 首と体幹のコントロールが養われる

⑥ 泳ぐときの基本動作

腕かき、呼吸の方法などを体感する　★★★

- 股間に指導者がはいり、腕をかく動作と呼吸のタイミングを養う練習をする
- 犬かき、平泳ぎ、クロールと腕のかき方を変えてみる

- 呼吸がしっかり確保できるように補助する
- 腰を持って、ローリングを加えたり、腕の動きを誘導したりしながら補助する

Point
- 泳ぎにつなげる動きを引き出す
- タイミングやリズム感が味わえるような補助をする

- 前から補助する
- 前方向から呼吸をタイミングよくできるように腕に手を添える

 Point
- うまく横方向に顔をあげられるような補助をするのがポイント
- 特に伸ばした腕のひじのあたりを持ち、ローリングを加えながらの補助が効果的

ボール運動から対人スポーツへ

　いろいろな種類のボールをひとりで扱う対ボール運動からはじめて、2人で協力しながらボールを扱うラリー、さらに卓球台の上でピンポン球を使用しての「ラリー」を完成させる過程を紹介しています。

　過程をうまくクリアできない場合は「スモールステップ」の指導が必要になります。

　仮に卓球ラリーがうまく完成しなくても、対人スポーツの経験は運動刺激としても有効です。

　この指導手順はバドミントンやテニス、バレーボールといった対人スポーツにも応用できます

❶ 対ボール感覚を学ばせる

ひとりでドリブル練習

● 最初はバランスボールなど大きなボールからはじめ、だんだんボールのサイズを小さくしていき難度をあげる

❷ 対人感覚とラリー感覚を学ばせる

不安定な足場でのラリー
（65〜66 ページ参照）

● 風船や紙風船でラリーする
● 不安定な足場でやると姿勢の保持に意識を向けずにすみ、ボールを目で追える子どもが多い

2人で交互に
ドリブル練習

● 対人感覚とドリブル感覚を学ばせる

③ 卓球台で対人感覚を学ぶ

卓球台の上で、ボールキャッチ

［左右の協調性を高める］［コミュニケーション力を高める］

- ひとりでバウンドキャッチする
- 指導者が手本を見せるところからはじめてもよい

対人でバウンドキャッチ

［左右の協調性を高める］［コミュニケーション力を高める］

- 素手でバウンドキャッチボールをする

5 ボール運動から対人スポーツへ

④両手グリップで打ってみる ▶▶▶

両手ラケットで1球打ち

- ●指導者が手で球を出す
- ●マークされたエリアに落とすよう促す
- ●球出しのタイミングを卓球ラリーのテンポにしだいに近づける
- ●図のような特殊なラケットを使用するとやりやすい

通常のラケットで1球打ち

- ●両手でラケットを持った状態からはじめる

Point ●木材をネット代わりにし、落とすエリアをマーキングするとわかりやすい

⑤ 片手ラケットでラリー

横方向でラリー

`左右の協調性を高める` `コミュニケーション力を高める`

- 両手ラケットから徐々に片手ラケットに段階を上げ、10回程度のラリーを完成させる
- 縦方向でのラリーができるように練習する
- ラケットを持たない手は台上に置かせた方が姿勢が安定する

- ●力加減ができない子には、指導者が手を添えてその感覚を伝える

- ●動作が困難なときはこんなスタイルの卓球を

5 ボール運動から対人スポーツへ

用具・器具・場所を アレンジする

用具をアレンジする

既成の使い方にこだわらず、子どもたちの状況に即して用具や器具の使い方をアレンジします。その子どもの特性に合った使い方を編み出すのが理想的です。

おてだまを渡し合う

- 指導者と向かい合って、息を合わせておてだまを渡しあう
- できる子は少し距離をおいて投げて渡しあう

おてだまを投げて渡す

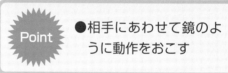
- 相手にあわせて鏡のように動作をおこす

ゴムぱちんこ

- 市販のゴムてっぽうを使う
- ピンポン球やティッシュペーパーを丸めた球を使うと安全でやりやすい

- 手の微細な力加減が必要
- 右手と左手で違う使い方をするのがよい

シーソー ★★☆

[左右の協調性を高める]

- こぼれ落ちないようにシーソーさせる
- バランスクッションの上で行なうと難度があがる

ボクシング ★★☆

[左右の協調性を高める] [コミュニケーション力を高める]

- 左右対角方向にパンチを繰り出すように促す
- 静止しながら、動きながらなど動きに変化をつける

Point ●お互いに息を合わせた動作が必要

なわとび ★★☆

[左右の協調性を高める] [脳の柔軟性を高める]

- フラフープを切って使う
- 手首のねじり動作があまりいらないので、比較的簡単になわとびができるようになる

6 用具・器具・場所をアレンジする

ゴロ卓球 ★★☆

- 卓球台の上に棒を置いてエリアを制限する
- 息を吹いてボールを飛ばし、ラリーを繰り返す

> **Point** ●お互いに息を合わせた動作が必要

一本足げた ★★★

- 一本足のげたを使用し、前部がつかないように歩く
- 竹馬にのった感覚を味わえる

さまざまなプレイエリア

　自由に楽しく「遊べる」空間を設定すると、「必要なときに必要なだけの刺激を入れにいく」子どもたちがいます。

　特に就学前の子どもには、「あそび場感覚」のプレイエリアを設置し、自由に遊ばせることが必要です。

　特別な遊具、器具がなくても身近にある道具で子どもたちは工夫して遊びます。子どもたちが「遊べた」と感じられる環境づくりが重要です。

❶ 室内

用具、器具をレイアウトする あそび場（プレイエリア）の設定

- 子どもの自由な動きを見守る
- 就学前の子どもたちにはあそび場環境を整えることが有効

❷ 屋外　公園などのアスレチックを利用する ▶▶▶

ネットウォーク　★★☆
姿勢を整える

アップダウン　★★☆
姿勢を整える

トンネル　★★☆
身のこなしを高める

クライミング　★★★
身のこなしを高める

環境を構造化する

「わかりやすい環境」「安心な環境」づくりは子どもたちの身体能力を引き出します。特に視覚支援や聴覚支援によって環境を構造化することは大きな効果を発揮します。準備しておきたい環境です。

位置を構造化する

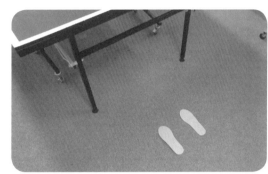

●フェルト地などで足型をつくり、足を置く場所が見てわかるようにする

マーキングで構造化する

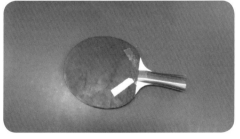

●ラケットの指の位置をマーキングし、握り方をわかりやすく教える

●落下点をマーキングによって視覚化する

スケジュールを構造化する

- 左側のマス目に上から順番に選択した種目の写真を貼っていく
- 流れがわかりやすくなる
- 種目が終わったら子どもがマグネットをはずしていく
- 終わりがわかりやすくなる

- 時計のイラストは、時間の見通しをつけさせるのに有効

空間を構造化する

- 用具置き場を目で見てわかるようにしておくと、子どもたちは自立した行動がしやすくなる

時間を構造化する

- 時間の見通しをつけさせるのに有効
- 残りの時間が色でわかるタイマー（左）
- キッチンタイマーは音で知らせる（右）
- 開始と終了の時間をわかりやすく知らせる

回数を構造化する

- 回数の見通しをつけさせるのに有効
- 回数板を利用することで、回数の構造化をはかる

iPad や iPhone で動画を見て運動する

- 電子機器で運動動画を再生し、それを見ながら運動を行なう

＊チットチャットのホームページから各種運動の動画をダウンロードすることができる

- 視覚情報が入りやすい子どもにはたいへん有効な方法

■運動カード

主要な運動の写真をセレクトしました。コピーしてお使いください。運動を進めるときの視覚支援にもご活用いただけます。

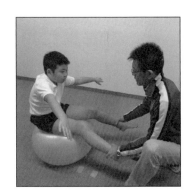

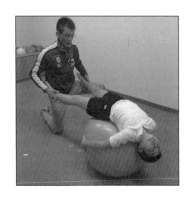

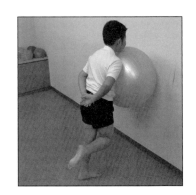

運動カード

運動カード

発達障がい児のための 36 の運動発達アプローチ

ここまで、わずかなスペースでできる運動のやり方や工夫などをご紹介しました。最後に、私たちチットチャットの理念、子どもたちとの関わり方やスポーツ指導での考え方をまとめました。実際に指導にあたる際のスタンスとして、ご活用いただければと思います。

❶「スポーツはみんなのもの」を発信する

スポーツは「みんなのもの」です。できる人だけ、能力のある人だけのものではない、すべての人に与えられた自由な身体活動であり権利です。

スポーツ指導も同様で、「できる人だけの指導法」では意味がないのです。

我々の指導もすべての子どもに適用できる指導法や指導システムであらねばならず、そこにはこだわらないといけません。

❷スポーツで「人づくり」が目標

我々のミッション（使命）は運動、スポーツを利用し子どもの生きる力を育む「人づくり」「個づくり」です。

子どもたちが未来「人財」として社会で機能できるようなサポートをすることです。

それはスポーツのもつ究極の目標であり、我々の一番意図するところでもあります。スポーツのもつ一番の強みを具現化し、スポーツ文化を変えることにも寄与します。

❸個別対応型指導

教育の基本は個別教育、個別指導のはずです。人は千差万別でひとりひとり、進む速度も違うし、個性の幅もそれぞれです。だからこそひとりひとりの質にあわせてサポートするのが教育です。

チットチャットの理念も教育としての運動・スポーツ指導です。徹底的に個別指導にこだわりたいと思っています。

❹マニュアルなし指導

チットチャットではマニュアルが存在しません。あるのは目的、目標、意図です。

実際の指導はやってみないとわからない場合がほとんどです。ひとつのことにこだわったり、型にはめた指導を行うと子どもは敏感にそれを察知します。結果、一方通行的な指導になりかねないのです。

だからこそ臨機応変な型で指導を進める方法が機能します。あえてマニュアルをつくらないようにしています。

❺子ども主導型指導

チットチャットの主役は子どもです。指導者はその子の生きる力を育むための後方支援者、保護者はそのすべてを受け取る応援団となります。

そしてそのプログラムも、子どもたちが主体的に自主的に決断し行動を起こすものでないといけません。指導者がその内容を決め過ぎたり助け過ぎてはいけないのです。あくまでも主役は子どもです。

プレイヤーズ・ファースト、後方からしっかりと支援することを念頭に置いて指導にあたってください。

❻スポーツ・ソーシャルスキル・トレーニング

運動・スポーツはルールやマナー、秩序がありその中で行動することで社会性を学ぶことができます。

社会生活のシュミレーションの場として指導場面を活用し、社会性を体感させましょう。

「スポーツ・ソーシャルスキル・トレーニング」という考え方を指導に持ち込みましょう。

❼「教える」よりも「育てる」

答えを与え、やり方を指し示す「教える」場面も必要です。

しかし、我々の目標としてはその子の可能性を最大限引き出し、眠っている才能を開き、生きる力を蓄れるような「育てる」指導です。

ティーチングよりもコーチングに重きを置かないとそれらは成し遂げれないのです。コーチャブルな関わりを主体に置きます。

❽親ガメづくり

人のからだは感覚（親ガメ）→知覚（子ガメ）→認知（孫ガメ）の順で形成されています。認知ばかり、脳機能ばかり鍛えていてもその土台の部分が不安定であれば人としての存在が不安定になります。

あそび、運動、スポーツといった身体活動は感覚、知覚といった機能をふんだんに刺激する要素を備えています。

❾弱みを強みに変える

子どもたちにとって運動、スポーツは苦手なものとして扱われます。まずは得意なものからということで手つかずにされてしまっているのです。その結果、いつまでたっても生きるためのベースとなる「からだづくり」が置き去りにされています。

しかし、「からだづくり」を強みに変えるとことで、コミュニケーション、学習、社会性といった力が育つのを我々は見てきました。同じ観点で弱みを強みに変えてあげましょう。

運動・スポーツは自分の強みを高めるだけでなく、用具・器具、相手、グループなど様々な対象へのコミュニケーションスキルが養えます。

その特性を利用し、「コミュニケーションとは何か」をからだに染み込ませます。

子どもたちが未来、社会の中で生きていけるようコミュニケーションの本質をからだに覚えさせ

ましょう。

❿強みを武器として磨こう

　ひとりひとり違う個性をもつのが人間です。障がいのある子らもひとりひとり違う個性、特性をもっています。
　たまたま今の環境ではその特性が機能しにくいかもしれません。しかし、必ずみなぴかっとひかる何かを持っています。
　その「強み」を大事に尊重し、未来武器として使えるように磨いてあげましょう。「強み」をさらに磨きあげましょう。

⓫ごまかさないからだを育てる

　課題や提案をごまかさず正確な動きができるようになると自分のからだのありかや身体図式（ボディ・シェマ）が形成されてきます。
　「そうか、僕のからだはこうなってて、こういうふうに動かせばうまく動けるんだ」を体感できるようになります。
　そのことが自分を知ることにつながり、自分をコントロールすることにもつながります。
　ごまかさない正確な動きで動けるようになってくるとがんばる力がでてきたり、自分と折り合いをつけて動けるようになってくる。「これはいけるな」と自信に満ちたからだになってくるのです。
　そうすると少々難しい課題でも根気強く、自らの意思で懸命に挑戦するようになります。
　ねばれるからだができあがってくると、心もねばり強くなります。

⓬自分ルールを撲滅しよう

　子どもたちは、「自分ルール」で行動してしまいます。そしてそれが正しいもの、当たり前のものとしてふるまうのです。そうなると他人の存在も自分ルールの一部となり、自他の区別がつかなくなります。
　それを解消するために自分と他人との違いを「からだ」で感じさせることが必要です。頭で違いを覚えるのではなく、からだに感じさせ、自分ルールを撲滅させましょう。

⓭本物の本人を引き出す

　チットチャットに通う子どもたちの保護者から「ここでは別人のようにがんばるんです」とよくいわれます。
　しかし、「ここで」だけでなく環境を整え、適切な指導を提供すれば、子どもたちは本来の自分を現してくれるはずです。
　その本当の子どもたちの姿をしっかり引き出せる指導を心がけましょう。
　スポーツではその人の「人となり＝あり方」がすぐに現れます。頑固な人、やさしい人、勇気のある人、我慢強い人など、その人の特性がすぐに読み取れるのがスポーツの特性でもあります。
　子どもらからもそれを感じますし、子どもたちも同様に指導者のあり方を感じ取っているはずです。
　だからこそ指導者のあり方が大切で、ぶれない自分で対峙しないと、本物・偽者はすぐに読み取られてしまうのです。

⓮ Just Help

　子どもたちに関わる時間は親御さんが関わる時間に比べればほんの少し、一瞬です。その一瞬の中で結果をつくるために子どもらに全力投球すればいいのだが、子どもたちのすべてを変えることはほぼ不可能です。貢献できるとしたらほんの「一瞬」です。

　そこをしっかり自覚し、たかが一瞬の関わり、されどその瞬間に全力投球という気持ちを忘れずサポートします。

　我々の関わりは Just Help です。

⓯ ど真ん中に入れてもらう

　どんなに素晴らしいマニュアル、どんなに優れた指導法があったとしても子どものど真ん中に入れる「関係性」が成立していなければ何も機能しません。

　信用と信頼の真ん中に入れてもらえてはじめて指導が始まります。

　百人百色の子どもの質にあわせていかに真ん中に入れるかのあの手この手を習得します。

　まず自分が持っている価値観の枠組み（パラダイム）、固定観念はひとまず横に置き、色めがねのない自分として子どもと向かい合いましょう。

　こちらの枠組みに引っ張り込まないように、子どもの様子をよく観察しかけ引きを進め、こちらの意図にもち込もう。

⓰ マニュアル・コンタクト

　子どものど真ん中に入る関係性をつくるためにもっとも指標になるのが「からだに触らせてくれるかどうか」です。

　指導者のスキンタッチ、スキンシップ（マニュアルコンアタクト＝徒手接触）を許可してくれる子は必ずチャンスがあります。

　逆にそれを拒む子は、なんとかして運動の中でマニュアルコンタクトを施す術を考える必要があります。

　皮膚を通じてその子の中に入れてもらう、これが関係性の基本の基本です。

⓱ 瞬間対応型アドリブ指導

　目の前の子どもの「今」にあわせた課題を適切に提供し、クリアさせていくこともカギとなるスキルです。

　そのために子どもの行動から瞬間的にその実力を読み取り、「適切課題」を設定していく癖づけをしておきます。

　指導の「やり方」は無数にありますから、「適切課題」を提供しつづけましょう。

　毎回毎時違う子どもの変化に対応するのが指導の基本です。マニュアルどおり、指導カリキュラムどおりなどありえないのが普通です。

　そこで指導の指針になるのが目の前の子どもの「今」を読み取ることです。「今、何がしたいのか」、「今、何ができるのか」、「今、どう反応したか」などつぶさに観察し課題を提案していくこの「今」を読み取る目利きが重要となります。

⑱カメレオン・アイ

　最適課題がヒットすると子どもはまるで魔法にかかったように動き出します。
　我々は、その瞬間を数多く作り出すことが命題となります。
　そして、そのための糸口はその子の動きの細部に隠されており、それをくまなく観察することでそのヒントが見えてきます。
　子どもたちの行動の隅々を見渡すカメレオンのような目を持ちましょう。

⑲かけ引きと演出力を高める

　子どもの行動はめまぐるしく変化します。我々のあり方を試したり、探ったりするためわざと逸脱行動を取ることもあるでしょう。
　指導者はそんな子どもたちの行動にごまかされないように、しっかりと子どもたちの心を読み取ることが必要です。
　その心の内にあわせたかけ引きを試みベターな関係性を作り続けましょう。
　かけ引き上手が、指導の質をあげます。
　「場」の雰囲気が上がると子どもの動きも活性化します。子どもが主体的に動き出す、勝手に挑戦し出す「場」をつくることが意図のある結果を作るには効果的となります。
　そのために「場」をいかに演出するかの話術、ユーモア、演技力、環境設定などが必要となります。それらを磨くことも指導者のスキルのひとつです。

⑳信じて、待つ

　ギリギリの挑戦を繰り返すと「今ここがこの子の勝負どころ」という瞬間が必ず現れます。
　その場面ができあがったときは、指導者はつべこべ言わず「信じて、待つ」態度が必要です。
　見事課題をクリアすれば自信や自己肯定につながりますし、クリアできなくてもその過程は次につながるはずです。
　自らの力で勝負どころに挑む、それをただ信じて見守りましょう。

㉑超スモールステップ指導・ショートカット理論

　子どもたちには通常の指導ステップよりもさらにきめ細かいステップ指導が必要です。
　1ミリずつスキルアップするようなそんな細分化された課題が必要となります。指導者はその細分化できる目利きと分析力が必要なのです。
　また、教科書的なスポーツ指導はステップアップ(階段)方式です。「この課題ができたら次の課題へ」、「この課題が合格しないと次の課題へ進めない」といった考え方です。
　しかし、子どもたちはこの方法で進むとすぐにあきらめてしまいます。課題がおもしろくなかったり、難しかったりするからです。
　そうならないためにもおもしろいこと、ワクワクすることから始めるショートカットな課題設定方式が機能しやすいといえます。
　ショートカットして適切課題を見つけにいきましょう。

㉒機能するか、しないかを見る

　課題を提供したときに○か×かで判断するのではなく、その時子どもに機能するかしないかを見ていきましょう。

　その時うまくいかなくても違う場面ではうまく機能するかもしれないのです。またその時うまくいってもそれが再度機能するかどうかはやってみないとわからないのです。

　その場面場面で機能する課題を選んでいきましょう。

㉓一発、一言で変える

　あれやこれやと言葉で説明されてもわからない、行動できないのが特性を持つ子どもたちです。

　そんなとき大切なのが「一発で変える、一言で変える」指導です。動きの要素を分析し、何ができて何ができないかを読み取り、できるための「一発、一言」を伝えるのです。それがうまくいくと「魔法」が実現する。指導力が評価されます。

　一発、一言で変えてみましょう。

㉔5回ルール

　失敗を繰り返してしまうと、からだが失敗を覚えてしまいます。何度も失敗を繰り返すのは課題設定が間違っています。

　同じ課題を5回続けて同じ失敗をするのは失敗の練習です。5回失敗が続いたら違う課題を提案し「できた感」を実感させましょう。

　失敗を学習させるのではなく、成功を学習させましょう。

㉕問いかけ力を磨こう

　子どもの自主性、主体性、イメージ力、創造性を育むには「教え過ぎない、答えを与え過ぎない」ことが必要です。

　自分で考え、行動をおこすための「問いかけ」がそれを引き出すカギとなります。

　誘導的な問いかけではなく、どうすれば適切に動けるか、主体的に正しい動きに向かうか、適切な問いかけを心がけましょう。

㉖フォームや型にこだわらない

　効率的な動き、理想的なフォームが運動・スポーツには要求されます。

　しかし、子どもたちをそこにはめ込むと、実力をはるかに超えた課題になってしまいます。

　フォームや型にこだわらず動きの醍醐味、おもしろさを伝えましょう。

　醍醐味が体感できてきたら子どもたちは勝手に動き出します。フォームや型はそれから与えればよいのです。

㉗捨てる勇気をもつ

　指導者の枠組みにはめてしまったり、実力にあわない課題を続けても結果はつくれないのです。

そんな時必要なのは「課題を捨てる」勇気です。勇気をもってその課題を捨て「今」機能する課題を引き出していきます。その連続が捨てた課題を拾えるチャンスにつながるのです。
　これは用具・器具の一般的な使い方、教科書的な指導法、既成のルールや規則にもいえます。「常識」という概念を覆したものの見方、考え方をしてみましょう。まったく違う角度から物事を見つめると、そこから思わぬアイデアや指導法が見つかるときがあります。常にそういう観点をもち指導します。

㉘人のからだの仕組みが基本

　発達に障がいのある子どもだからといっても、特別な指導法はありません。すべての指導法の基本、ヒントは「人のからだの仕組み」の中にあります。
　人のもつ運動機能、人のからだとは、を知ることでその手がかりが必ずあります。
　特殊で特別な指導法など決して存在しないのです。
　子どもたちの世界観、身体特性を知ることは子どもたちの行動を理解するのに大いに役立ち、知識として常に知っておく必要があります。
　しかし、その知識に固執せず子どもたちと関わることを忘れてはならないのです。
　ひとりひとり違う世界観、特性を持つ子どもたちの「今」としっかり向き合いましょう。

㉙無理はさせない、そしてがんばらせる

　子どもたちの世界観は独特です。その世界に共感し環境調整を施すことは安心安定をつくるうえで欠かせません。
　しかし、その世界に安住させるのではなく、環境を整え、関係性を育み、経験や体験の貯蓄ができるようになりますとあえて「がんばらせる」時間も必要です。
　運動やスポーツは比較的子どもたちにはわかりやすい世界です。その世界で「がんばる、ねばる」を体感させるのも子どもたちの生きる力を育むことにつながります。無理はさせずに、そしてがんばらせましょう。

㉚ヒーロー体験をさせよう

　子どもたちは生活の中で主役になり、ヒーローになる体験がどのぐらいあるでしょうか。ヒーロー体験の少なさは劣等感を強めます。
　チットチャットでは徹底的に子どもたちにヒーロー体験をさせています。課題を乗り越えた瞬間にみんなに承認される場面を多く作るのです。
　そういった一瞬のヒーロー体験を積み重ねると、子どもたちの中には肯定感が宿ります。

㉛勝手放題は許さない

　ルールや秩序の中で「自由」が保障されるからこそ、その身体活動はおもしろくなります。
　「勝手放題、自由気まま」の中での身体活動は「わがまま」として受け取られてしまいます。社会にはルールや秩序があるようにスポーツ指導の場でもそれを遵守する場としないといけないのです。
　そのためにも「自由」は大いに尊重する、しかし「勝手放題」は凛とした態度で制限します。

㉜空ほめしない

ほめることは子どもたちの肯定感を高めるには大切な言葉がけです。

しかし、本当に成功したかどうかを感じさせるためには「ここ一番をほめる」ことが効果的となります。

一事が万事ほめることに終始するとその区別ができなくなってしまいます。

自分で「できたか、できていないか」を自覚させるのにも、空ほめはしないでおきます。

㉝「ない」ことに振り回されない

自信がない、恐い、難しい、悲しいなどすべて「ない」もの、「存在しない」ものです。

恐いから動けない、難しいからやらないということに惑わされないように「恐くていい、そしてやる」、「自信がなくていい、そして動く」という実際の行動につなげるよう指導します。

行動は結果をつくる、そしてその結果は次の行動の指標になります。

行動するという「ある」ことを積み重ねさせましょう。

㉞固い子は欲張らない

自分が固い子、俺ルールの強い子はこだわりが強く、指導者との関わりも柔軟ではない傾向にあります。あの手この手をつくして入れてもらえても欲を出したり、先を急いでしまうとまた逃げてしまうのが固い子の特徴でもあります。

固い子には欲張らず、ていねいに少しづつを心がけて関係性がこわれないように関わります。

㉟不確定要素に適用させる

子どもたちは一歩社会に出ると不確定要素の連続です。そしてその不確定要素に対応できてこそ安全に快適に暮らせるはずです。

子どもたちに必要な配慮を施すことは基本ですが、同時に実際のスポーツ指導の中では不確定要素に対応できるような練習を重ねさせましょう。

㊱子どもたちに魔法をかけよう

チットチャット・メソッドのキャッチフレーズです。
「こんなことができるんだ、あんなこともできてしまった」という成功体験は子どもたちの生き方をドライブさせます。

我々はそのための「魔法使い」です。「できなかったことを、できるようにする」という明確な意図のもと指導力を磨きましょう。

保護者・指導者のみなさまへ

　発達障がいには、自閉症やADHD（注意欠陥多動性障害）、LD（学習障害）などが含まれていますが、社会性、コミュニケーション、注意力、学業などが中心的な問題とされ、運動の分野は、あまり注目されてきませんでした。

　しかし、当事者によって彼らが抱える運動の問題が語られはじめ、その問題の重要性が認識されつつあります。自分の身体が意識できない、思うように身体が動かない、すぐに身体が疲れ、姿勢が保てないなどの運動の苦手さが、発達障がい児・者の一部に、生じていることが明らかになってきたのです。

　この運動の苦手さは、子どもたちの生活にどのように影響するのでしょうか。幼児期の遊びは、ブランコ、ボール遊び、砂場遊びなど、身体を動かす遊びが中心です。これらの動作が苦手になり上手く遊べないことのみならず、自分の身体を使った遊びのイメージが湧きにくく、遊び場でもどのように遊んでいいのかわからず、遊びの幅が狭まってしまうことも多いようです。不器用の問題は、スプーンや箸、歯ブラシ、衣類の着脱などの生活で必要なスキルの発達にも、影響を及ぼします。

　学校では、体育の時間、音楽、書字、算数などでの学用品の操作、椅子に座り続ける姿勢保持など、学業を支える能力にも影響を及ぼします。さらに成人した後でも、手先の不器用さは仕事や家事などに大きな影響を及ぼします。子どもたちにとって、不器用さの問題は、動作が苦手ということだけではなく、自分の能力・技能に対する自信の低下を招くことになり、人生を歩んでいくための能力の発達を妨げることになるかもしれません。

　近年、障がいの有無を問わず、子どもたちが身体を十分に使いこなせる遊び環境やその機会は少なくなってきています。技術の向上を中心に行うスポーツ教室は盛況ですが、不器用な子どもたちは、そのような教室で苦手さだけを感じてしまう結果になりかねません。彼らに必要なのは、彼らの苦手さを熟知した指導者が、スモールステップで、自分の身体と付き合うことが楽しいと実感できることを指導する教室なのです。

　本書は、そのような思いをもとに生み出されました。発達障がい児の運動指導に携われてきた森嶋先生の指導経験をもとに、発達障がい児の子どもたちが取り組みやすい運動課題の紹介したものです。

　学校の休み時間や家庭でのちょっとした空き時間などを活用して、運動をしようと思っても、なにをしたらよいのか戸惑うことも多いと思います。そのようなときに、特別な設備がなくても手軽な道具を活用してできる運動遊びのアイディアを利用してください。

　ここで紹介しているのは、運動のエッセンスで、料理で言えば栄養素のようなものです。この栄養素をお子さんの興味や楽しみ方に合わせてアレンジし、オリジナル料理をつくって頂ければ幸いです。子どもたちが、運動を必要以上に苦手と感じず、将来にわたって、楽しく自分の身体と付き合っていけることを願っています。

姫路獨協大学客員教授
太田篤志

あとがきにかえて

　私が、障がいのある人たちのスポーツ指導に携わってから25年が経ちます。「スポーツなんて無理だ、できるはずがない」「運動なんて嫌いだ、やりたくない」と拒絶していた人たちが、適切な指導によって「できるかも」と変わっていく姿を見てきました。スポーツを通じて、新たな可能性を拓いたり、クリエイティブな人生を手にしたくさんの方に出会いました。

　発達に障がいのある子はその障がいの本質が「ことば」、「コミュニケーション」、「社会性」などの部分に焦点をあてられていますが、私はスポーツ指導をしているなかで、よく彼らの「未熟で、未開発なからだ」の存在に唖然とさせられます。「こんなこともできないんだ」、「こんなからだじゃ、そりゃたいへんだろう」と感じる子どもばかりです。

　そこで、彼らの「何に興味があって、何ができて、何ができないのか」を観察し、彼らの実力にみあった「できる」をたくさん探し、積み重ね、体感させてあげることによって明らかにその内面や質が変化していくことを実感しています。

　「できなかったことができるようになった瞬間」を体感できるのはあそび、運動、スポーツの醍醐味です。この「できた感」を積み重ねることによって、子どもたちは自己肯定感を育んでいくと信じています。

　保護者の方からも「何やら最近、自分に自信がでてきたみたいです」「公園などで積極的に遊ぶようになりました」「体育の授業がいやでなくなってきたみたいです」「発達検査で運動能力だけがやけに高いと驚かれました」など、子どもたちの変化を聞いています。

　あそび・運動・スポーツといった身体活動はすべての場面において「コミュニケーション力」が要求されます。それは、自分とのコミュニケーション、用具や器具とのコミュニケーション、環境とのコミュニケーション、人とのコミュニケーション、などなどです。そして、それらのほとんどがことばでの介入が少なく、ノンバーバルな世界であるため、言葉を通したコミュニケーションを苦手とする子どもたちにとってはわかりやすく、安全で、おもしろみや気持ちよさを体感しやすい活動のはずです。コミュニケーションをからだで味わうことができる世界なのです。

　そういった「コミュニケーション力」を身体活動で育むことによって、自分のからだへの自信、人との信頼関係、環境への適用力、道具や器具で遊びを発想する想像力や創造力、グループの中での人間関係など、「社会生活のシミュレーションを体感すること」（ソーシャルスキル）が可能になってくるのではないかと感じています。そういう力こそが「生きる力」につながり「自立」のための礎いしずえになるのではないかと信じています。

　あそび・運動・スポーツはそれを簡単に、短時間で、わかりやすく彼らに伝えることができる最適なアイテムではないかと思います。

　あそび・運動・スポーツは「みんなのもの」です。そのおもしろさ、醍醐味を味わうことはすべての人に保証された権利です。できる人だけ、能力のある人だけが享受し、できない者は排除されるのはおかしいのです。そのため指導法もまた、その程度や種別がどうであろうとも、「みんなのもの」でないとおかしなわけです。この本をお読みいただいた方々と一緒に、すべての発達障がい児があそび・運動・スポーツの「素晴らしさ」を享受できる「指導法」を編み出していきたいと思っております。

　　　　　　　　　　　　　　　　森嶋　勉

■著者

森嶋　勉（もりしま・つとむ）

NPO法人チットチャット理事長、株式会社チットチャット代表取締役
障がい者スポーツコーチ

　大阪市長居・舞洲障害者スポーツセンターにて障がい者スポーツ指導員として20年間勤務。
「スポーツはみんなのもの」をテーマに障がいのある人はもちろん「すべての人がスポーツのおもしろみや醍醐味を味わえるため」のスポーツ指導を展開、主に児童デイサービスチットチャット・スポーツ塾の1号店と2号店で実践中。
　2006年に独立し、フリーの障がい者スポーツコーチとして「発達障がい児」を中心に年間で個人サポート約500人、グループサポート150グループのサポートを日々継続中。「コーチング的観点」を尺度に、目の前のその子の「今」に合わせた指導を提供することで、指導マニュアルやカリキュラムを超えた「物語風指導」を創造している。
　「活かせるからだ」を体感させることで、「活かせる自分」に気づき、自主的に主体的に行動する「個」を育てることを意図したあそび・運動・スポーツのサポートを実践している。
　NPO法人チットチャットのホームページからも各種情報を発信中。
　著書：『共生コーチング　ーみんな違っていい、違いを共に生かすコミュニケーション』『共生コーチングその2ー機能するコミュニケーション』

■監修者

太田篤志（おおた・あつし）

プレイジム代表、姫路獨協大学客員教授、作業療法士

　作業療法士資格を習得後、学童保育・保育所、重症心身障害児施設での作業療法に従事。その後、広島大学医学部・学部内講師、姫路獨協大学・教授などを歴任。感覚統合機能検査の研究開発に携わるとともに、療育センター、小中学校・特別支援学校などの現場にて発達障害児に対する作業療法・感覚統合療法などを実践。2012年に姫路獨協大学教授を退任し、客員教授に就任。2014年、（株）アニマシオンを設立、取締役に就任。プレイジム（児童発達支援・放課後等デイサービス・保育所等訪問支援事業所）の運営に携わりながら、子どもにとって意味ある作業（活動）を用いた発達支援、オープンゴールの理念を重視したアニマシオン活動の実践研究を行っている。

イラスト＝丸口洋平
装幀・本文デザイン＝佐藤 健＋六月舎
組版＝Shima.

【増補版】

ちょっとしたスペースで
発達障がい児の脳と感覚を育てるかんたん運動

2018年2月20日　第1刷発行

監修者　太田篤志
著　者　森嶋　勉
発行者　上野良治
発行所　合同出版株式会社
　　　　東京都千代田区神田神保町1-44
　　　　郵便番号　101-0051
　　　　電話　03（3294）3506
　　　　振替　00180-9-65422
　　　　ホームページ　http://www.godo-shuppan.co.jp/
印刷・製本　新灯印刷株式会社

■刊行図書リストを無料進呈いたします。
■落丁乱丁の際はお取り換えいたします。

本書を無断で複写・転訳載することは、法律で認められている場合を除き、著作権及び出版社の権利の侵害になりますので、その場合にはあらかじめ小社宛に許諾を求めてください。

ISBN978-4-7726-1343-9　NDC780　257×182
©Tsutomu Morishima,2018